Kohlhammer

Die Autoren

Mareike Augsburger, Dr. rer. nat., Dipl.-Psych., forscht zu Traumafolgestörungen. Während ihrer Promotion beim Mit-Entwickler der Narrativen Expositionstherapie, Prof. Dr. Thomas Elbert, arbeitete sie mehrere Jahre als klinische Psychologin im Kompetenzzentrum Psychotraumatologie der Universität Konstanz mit traumatisierten Geflüchteten. Darüber hinaus absolvierte sie in Kooperation mit der Nichtregierungsorganisation vivo international e. V. mehrere Einsätze in ostafrikanischen Krisenregionen zur Verbesserung der Versorgung nach Traumatisierung. Seit 2017 ist sie als Postdoktorandin an der Universität Zürich tätig. Gegenwärtig leitet sie ein Projekt zur Implementierung des Internationalen Trauma-Interviews nach ICD-11 im psychiatrischen Stationsalltag. Darüber hinaus befindet sie sich in Weiterbildung zur Notfallpsychologin gemäß den auf nationaler Ebene festgelegten Standards der Föderation der Schweizer Psychologinnen und Psychologen (FSP) sowie des Nationalen Netzwerks Psychologische Nothilfe (NNPN). Als angehende Notfallpsychologin ist sie unter anderem für die Stiftung Carelink tätig, die die Akutversorgung nach traumatischen Ereignissen zur Prävention der PTBS in der Schweiz übernimmt.

Andreas Maercker, Prof. Dr. phil. Dr. med., ist seit 2005 Professor für Psychopathologie und Klinische Intervention an der Universität Zürich. Er ist approbierter Psychologischer Psychotherapeut, Facharzt für Psychosomatik und in der Schweiz berufsbewilligt als Psychiater und Psychotherapeut. Er arbeitet seit den 1990er Jahren auf dem Gebiet der Traumafolgestörungen sowohl klinisch als auch wissenschaftlich. In dieser Zeit wurde er zu einem europäisch und international anerkannten Experten für diese Störungsgruppe, zu der auch die Anhaltende Trauerstörung und die Anpassungsstörungen gehören. Er war Präsident der Deutschsprachigen Gesellschaft für Psychotraumatologie, langjähriges Vorstandsmitglied der Europäischen und der Internationalen Societies for Traumatic Stress Studies und hatte den Vorsitz einer Kommission zum Thema bei der Weltgesundheitsorganisation. Er ist Autor bzw. Herausgeber mehrerer Standardwerke zu Traumafolgestörungen in deutscher und englischer Sprache.

Mareike Augsburger
Andreas Maercker

Posttraumatische Belastungsstörungen

PTBS und KPTBS: Ein Leitfaden für die Diagnostik und Behandlung

Verlag W. Kohlhammer

Dieses Werk einschließlich aller seiner Teile ist urheberrechtlich geschützt. Jede Verwendung außerhalb der engen Grenzen des Urheberrechts ist ohne Zustimmung des Verlags unzulässig und strafbar. Das gilt insbesondere für Vervielfältigungen, Übersetzungen, Mikroverfilmungen und für die Einspeicherung und Verarbeitung in elektronischen Systemen.

Pharmakologische Daten, d. h. u. a. Angaben von Medikamenten, ihren Dosierungen und Applikationen, verändern sich fortlaufend durch klinische Erfahrung, pharmakologische Forschung und Änderung von Produktionsverfahren. Verlag und Autoren haben große Sorgfalt darauf gelegt, dass alle in diesem Buch gemachten Angaben dem derzeitigen Wissensstand entsprechen. Da jedoch die Medizin als Wissenschaft ständig im Fluss ist, da menschliche Irrtümer und Druckfehler nie völlig auszuschließen sind, können Verlag und Autoren hierfür jedoch keine Gewähr und Haftung übernehmen. Jeder Benutzer ist daher dringend angehalten, die gemachten Angaben, insbesondere in Hinsicht auf Arzneimittelnamen, enthaltene Wirkstoffe, spezifische Anwendungsbereiche und Dosierungen anhand des Medikamentenbeipackzettels und der entsprechenden Fachinformationen zu überprüfen und in eigener Verantwortung im Bereich der Patientenversorgung zu handeln. Aufgrund der Auswahl häufig angewendeter Arzneimittel besteht kein Anspruch auf Vollständigkeit.

Die Wiedergabe von Warenbezeichnungen, Handelsnamen und sonstigen Kennzeichen in diesem Buch berechtigt nicht zu der Annahme, dass diese von jedermann frei benutzt werden dürfen. Vielmehr kann es sich auch dann um eingetragene Warenzeichen oder sonstige geschützte Kennzeichen handeln, wenn sie nicht eigens als solche gekennzeichnet sind.

Es konnten nicht alle Rechtsinhaber von Abbildungen ermittelt werden. Sollte dem Verlag gegenüber der Nachweis der Rechtsinhaberschaft geführt werden, wird das branchenübliche Honorar nachträglich gezahlt.

Dieses Werk enthält Hinweise/Links zu externen Websites Dritter, auf deren Inhalt der Verlag keinen Einfluss hat und die der Haftung der jeweiligen Seitenanbieter oder -betreiber unterliegen. Zum Zeitpunkt der Verlinkung wurden die externen Websites auf mögliche Rechtsverstöße überprüft und dabei keine Rechtsverletzung festgestellt. Ohne konkrete Hinweise auf eine solche Rechtsverletzung ist eine permanente inhaltliche Kontrolle der verlinkten Seiten nicht zumutbar. Sollten jedoch Rechtsverletzungen bekannt werden, werden die betroffenen externen Links soweit möglich unverzüglich entfernt.

1. Auflage 2020

Alle Rechte vorbehalten
© W. Kohlhammer GmbH, Stuttgart
Gesamtherstellung: W. Kohlhammer GmbH, Heßbrühlstr. 69, 70565 Stuttgart
produktsicherheit@kohlhammer.de

Print:
ISBN 978-3-17-033002-3

E-Book-Formate:
pdf: ISBN 978-3-17-033003-0
epub: ISBN 978-3-17-033004-7
mobi: ISBN 978-3-17-033005-4

Inhalt

Vorwort 9

Teil A Hintergrund

1 Klinisches Bild und Kriterien der PTBS 13
    1.1   Das traumatische Ereignis 13
    1.2   Symptomtrias: Wiedererleben, Vermeidung, Übererregung... 14
            Wiedererleben 15
            Vermeidung 16
            Wahrnehmung einer gegenwärtigen Bedrohung
            (Übererregung)... 16
    1.3   Zusätzliches D-Kriterium nach DSM-5 17
    1.4   Dauer der und Beeinträchtigung durch Symptome 17
    1.5   Unterformen der PTBS nach DSM-5 18
            Dissoziativer Subtyp 18
            Verzögerter Beginn 18

2 Die komplexe PTBS (KPTBS) 19
    2.1   Entstehung und klinisches Bild 19
    2.2   KPTBS nach ICD-11 20
            Das traumatische Ereignis 20
            Die drei Kernsymptomgruppen der PTBS 20
            Zusatzsymptome spezifisch für die KPTBS 21
            Beeinträchtigung 21
    2.3   Validität und Nutzen der neuen Diagnose 21
    2.4   Exkurs: Vergleich der Klassifikationssysteme 22

3 Häufigkeit von PTBS und KPTBS 24
    3.1   Prävalenzraten 24
            Prävalenzen im weltweiten Vergleich 25
            Risikopopulationen 25
    3.2   Risiko- und Schutzfaktoren 26
            Geschlecht 26
            Alter 26
            Soziodemografische und familiäre Faktoren 26
            Traumatyp 27

		Peritraumatische Reaktionen	28
		Posttraumatische Einflüsse	28
	3.3	Verlauf	28
4	**Komorbidität und Begleitemotionen**		**30**
	4.1	Komorbide Störungen	30
	4.2	Begleitemotionen	30
5	**Modelle zur Entstehung der PTBS**		**32**
	5.1	Paradigma der Furchtkonditionierung	32
	5.2	Die PTBS als Gedächtnisstörung	33
	5.3	Erkenntnisse aus der biologischen Stressforschung	34
		Hippocampus	35
		Amygdala	36
		Präfrontalcortex	36
		Hypothalamus-Hypophysen-Nebennierenrinden-Achse (HHNA/HPA-Achse)	36
	5.4	Kognitive Prozesse	37
	5.5	Sozio-interpersonelles Modell	38

Teil B Diagnostik

6	**Allgemeine Aspekte und therapeutische Grundhaltung**		**43**
7	**Spezifische Erhebungsinstrumente**		**45**
	7.1	Life-Event Checklist for DSM-5 (LEC-5)	45
		Aufbau	45
	7.2	Die »Clinician-Administered PTSD Scale for DSM-5« (CAPS-5)	46
	7.3	Posttraumatic Stress Disorder Checklist (PCL-5)	47
	7.4	Spezifisch ICD-11: International Trauma Questionnaire (ITQ)	48
	7.5	Klassifikationsunabhängige Verfahren	49
8	**Differenzialdiagnose**		**51**
	8.1	Akute Belastungsreaktion	51
	8.2	Abgrenzung zu anderen stress-assoziierten Erkrankungen	51
	8.3	Abgrenzung zu anderen Störungsbildern	52
		KPTBS und Borderline Persönlichkeitsstörung	52

Teil C Behandlung

9	**Die evidenzbasierte Behandlung der PTBS**		**57**
	9.1	Elemente evidenzbasierter traumafokussierter Verfahren	57
		Psychoedukation	58

		Training der Emotionsregulation/Bewältigungsstrategien	59
		Exposition in sensu	59
		Kognitive Verarbeitung und Umstrukturierung..............	59
		Emotionen	59
		Reorganisation der Gedächtnisstruktur	60
10	**Spezifische evidenzbasierte Verfahren**		**61**
	10.1	Prolongierte Expositionstherapie (PE)	62
		Bewertung	67
	10.2	Kognitive Therapie der PTBS	68
	10.3	Narrative Expositionstherapie (NET)	73
	10.4	Kognitive Verarbeitungstherapie (CPT).....................	80
	10.5	Eye Movement Desensitization and Reprocessing (EMDR)...	83
	10.6	Experimentelle Verfahren	87
		Imaginative Rescripting und Reprocessing Therapie (IRRT)	87
		Webbasierte Behandlungen	88
		Virtual Reality	89
11	**Therapie der KPTBS**		**90**
	11.1	Skills Training in Affective and Interpersonal Regulation Narrative Therapy (STAIR/NT)	90
	11.2	Bemerkung zur komplexen PTBS	93
12	**Therapie mit besonderen Gruppen**		**95**
	12.1	Ältere Personen	95
	12.2	Kinder und Jugendliche	96
	12.3	Kognitiv beeinträchtigte Personen	97
	12.4	Hochrisikogruppe Geflüchtete	97
13	**Mögliche Schwierigkeiten bei der Therapie**		**99**
	13.1	Komorbiditäten	99
	13.2	Dissoziative Tendenzen	99
	13.3	Vermeidung der therapeutischen Auseinandersetzung mit dem Erlebten	100
	13.4	Vermeidung in der Exposition	101
	13.5	Geringe Lebhaftigkeit während der Exposition	101
	13.6	Reale Schuld	102
	13.7	Eigene Psychohygiene/Selbstfürsorge	102
14	**Fazit**		**104**
Literatur			**105**
Register			**115**

Vorwort

Eine Ergänzung der Buchreihe »Störungsspezifische Psychotherapie« um einen Band zu Traumafolgestörungen ist aus unserer Sicht als Autor und Autorin ein überfälliger Schritt, denn im klinischen Alltag, ambulant und stationär, ist diese Gruppe von Patientinnen und Patienten stark vertreten. Dabei kann beobachtet werden, dass einige von ihnen nicht angemessen diagnostiziert und behandelt werden. So kommt es vor, dass eher die Diagnose einer Angststörung, affektiven Störung oder Persönlichkeitsstörung (z. B. Borderline) gestellt und dabei die traumaspezifische Symptomatik als Primärstörung übersehen wird. Manchmal hängt dies auch damit zusammen, dass sich Patienten und Patientinnen scheuen, ihre Erfahrungen aus Scham von sich aus offen zu legen (z. B. bei sexualisierter Gewalt), da das Vertrauen in den Therapeuten oder die Therapeutin noch fehlt.

Dieses Buch sammelt den aktuellen wissenschaftlichen Kenntnisstand zur diagnostischen Einordnung, Fallkonzeption und Therapieplanung für Patienten und Patientinnen mit einer der beiden Diagnosen, der (klassischen) Posttraumatischen Belastungsstörung (PTBS) und der komplexen PTBS, nach den neuen Richtlinien des ICD-11 bzw. DSM-5. Dabei wurde die komplexe PTBS (KPTBS) erstmalig 2019 international von der Weltgesundheitsorganisation zu einer offiziellen Diagnose erklärt. Demnach ist das aktualisierte Wissen zur KPTBS bisher noch in wenigen deutschsprachigen Büchern und Materialen niedergelegt. Da unsere Arbeitsgruppe an der Universität Zürich an der Neudefinition beider Diagnosen nach ICD-11 beteiligt war, können wir sozusagen aus erster Hand die aktuelle Entwicklung beschreiben. Dies gilt auch für die neuen therapeutischen Verfahren, die sich in der internationalen Literatur zur komplexen PTBS finden lassen.

Dabei gilt zu beachten, dass Diagnosen nach ICD-11 in den deutschsprachigen Ländern noch nicht offiziell sind, denn dies wird frühestens ab Januar 2022 der Fall sein. Dieses Buch greift somit vorweg und beschreibt die zukünftige Situation, denn evidenzbasierte Heilkunde erfordert die Notwendigkeit, sich kontinuierlich am internationalen »State of the Art« (letzter Stand des Wissens) zu orientieren, um Patienten und Patientinnen die bestmöglich wirksame Therapie zukommen zu lassen.

Aus diesem Grund beschränkt sich dieses Werk auch nicht auf ein einziges Instrument oder wenig ausgewählte diagnostische Instrumente oder therapeutische Methoden, denn es soll nicht als therapeutisches Manual verstanden werden, sondern dazu dienen, verschiedene wirksame Verfahren kennenzulernen, um eine informierte Entscheidung treffen zu können. Dabei basiert unsere Auswahl auf einem evidenzbasierten Vorgehen nach einschlägigen wissenschaftlichen Behandlungsleitlinien, Meta-Analysen und Überblicksarbeiten. Darin enthalten sind auch Ansätze, die in der eigenen Arbeitsgruppe entwickelt wurden oder zu denen wir selbst viel klinische Erfahrung sammeln konnten. An dieser Stelle sei zum Beispiel das sozio-interpersonelle Modell erwähnt. Zusätzlich gibt es einen Abschnitt zu vielversprechenden Neuentwicklungen, deren Wirksamkeit noch nicht hinreichend geprüft werden konnte, die aber zukünftig eine große Relevanz entwickeln könnten.

Experten und Expertinnen im Bereich Traumafolgestörungen sind sich einig, dass die Therapie der (klassischen) PTBS bisher eine Erfolgsgeschichte war. Mit verschiedenen spezifischen Methoden kann Überlebenden einmaliger oder kurzfristiger traumatischer Erlebnisse gut und wirksam geholfen werden. Zwar sind therapeutische Erfolge bei der komplexen PTBS höchstwahrscheinlich schwieriger zu erreichen, doch bieten erste Studien ebenfalls Hinweise auf nachhaltige Möglichkeiten.

Wir wünschen allen Lesern und Leserinnen eine nutzenbringende Lektüre, um für das Wohl unserer Patienten und Patientinnen zu wirken.

Zürich, im April 2020
Mareike Augsburger und Andreas Maercker

Danksagung

Wir möchten uns an dieser Stelle bei Milena Kaufmann bedanken, die entscheidend zum Gelingen der therapeutischen Kapitel dieser Arbeit beigetragen hat. Vielen Dank auch an Charlotte Salmen für ihre konstruktiven Anmerkungen.

Teil A Hintergrund

1 Klinisches Bild und Kriterien der PTBS

> **Fallbeispiel**
>
> Frau B. saß auf dem Beifahrersitz. Bei der Autobahneinfahrt passierte es. Ein anderer Fahrer wollte vom Beschleunigungsstreifen auf die von ihm links gelegene Spur einfahren. Dabei übersah er das Auto, in dem Frau B. und ihre Freundin saßen. Seine linke Wagenseite streifte die rechte Front des Autos von Frau B.s Freundin. Metall und Glas splitterten grässlich. Überall war Blut. An mehr kann sich Frau B. nicht mehr erinnern. In ihrem nächsten wachen Moment befindet sie sich mit großen Schmerzen in einem Krankenhaus. Dieses darf sie nach einer Woche wieder verlassen. Doch die psychischen Beschwerden halten bis heute, Monate später, an: Frau B. wacht mehrmals in der Woche schweißgebadet von Alpträumen auf. Auto fahren kann sie nicht mehr, auch Bus fahren fällt ihr schwer. Dafür ist die Angst vor einem weiteren Unfall zu groß. Nähern sich Autos, erschrickt Frau B. schnell. Das quietschende Geräusch von Bremsen versetzt sie in Panik. Ihren Job musste sie aufgeben. Frau B. hat das Gefühl, seit diesem Unfall sei ihr Leben sei ruiniert.

Das Fallbeispiel beschreibt die psychischen Folgen eines Verkehrsunfalls. Frau B. beschreibt dabei augenscheinlich typische Symptome einer Posttraumatischen Belastungsstörung (PTBS). Doch zur leitliniengerechten Diagnosestellung und Feststellen der Therapieindikation muss das Zutreffen bestimmter Kriterien geprüft werden. Je nach verwendetem Diagnosesystem (*International Classification of Diseases* (ICD) oder *Diagnostic and Statistical Manual of Mental Disordes* (DSM)) können sich die Kriterien unterscheiden. Im Folgenden werden deswegen die Symptome sowohl nach ICD-11 (World Health Organisation [WHO], 2018) und DSM-5 (American Psychiatric Association [APA], 2015) beschrieben.

1.1 Das traumatische Ereignis

Die PTBS (und die KPTBS, ▶ Kap. 2) gehören zu den wenigen psychischen Störungen, bei denen ein traumatisches Ereignis zwingend zur Diagnosestellung vorangegangen sein muss. Je nach Klassifikationssystem unterscheiden sich die Definitionen geringfügig:

- In der neuen ICD-11 wird das traumatische Ereignis oder eine Serie von Ereignissen als *extrem bedrohlich oder furchtbar* beschrieben (World Health Organisation 2018). Dadurch qualifizieren sich verschiedenste Situationen, die absichtlich nicht a-priori genauer festgelegt wurden.
- Das DSM-5 beschreibt sehr viel konkreter ein traumatisches Ereignis als »*Konfrontation mit tatsächlichem oder drohendem Tod, ernsthafter Verletzung oder sexueller Gewalt*« (A-Kriterium; American Psychiatric Association 2015, S. 369). Es wird weiter unterschieden zwischen:
  1. Direkte Exposition
  2. als Zeuge oder Zeugin miterlebte Ereignisse
  3. Erfahren, dass das Ereignis einer nahestehenden Person zugestoßen ist
  4. Beruflicher Konfrontation mit Details von Ereignissen

Beide Definitionen beinhalten damit eine große Spannweite potentiell traumatischer Erfahrungen. Es kann hilfreich sein, zwischen sogenannten *man-made* Traumata (z. B. Angriff, sexuelle Gewalt) und *akzidentiellen* Traumata (z. B. Verkehrsunfall, Naturkatastrophe) zu unterscheiden. Es wird ebenfalls zwischen Typ-I-Traumata und Typ-II-Traumata differenziert. Bei ersterem handelt es sich um ein unerwartetes singuläres Ereignis auftreten (z. B. Überfall), letzteres beschreibt mehrfach und wiederholt auftretende potentiell traumatische Erfahrungen (z. B. wiederholte sexuelle Gewalt) (vgl. Maercker und Augsburger 2019). Dies wird vor allem für die Komplexe Posttraumatische Belastungsstörung (KPTBS) relevant.

> **Merke**
>
> Bei vielen umgangssprachlich als »Traumata« bezeichneten Ereignissen (z. B. Trennung des Partners/der Partnerin; Ablehnung durch die Vorgesetzte) handelt es sich nach diesen Definitionen nicht um traumatische Ereignisse. Gleichwohl kann es sich für die betroffene Person um eine sehr belastende Erfahrung handeln, die gegebenenfalls eine psychotherapeutische Intervention erfordert. Doch für das Vorliegen eines traumatischen Ereignisses muss eine drohende oder tatsächliche Verletzung der psychischen und/oder physischen Integrität bestanden haben.

1.2 Symptomtrias: Wiedererleben, Vermeidung, Übererregung

Drei Hauptsymptomgruppen oder Symptomcluster, die als Reaktion auf das Überleben eines traumatischen Ereignisses auftreten, definieren das Störungsbild der PTBS (▶ Abb. 1.1): Wiedererleben, Vermeidung und Übererregung (bzw. gegenwärtige Bedrohung) (vgl. Augsburger und Maercker 2018a; Maercker und Augsburger 2019).

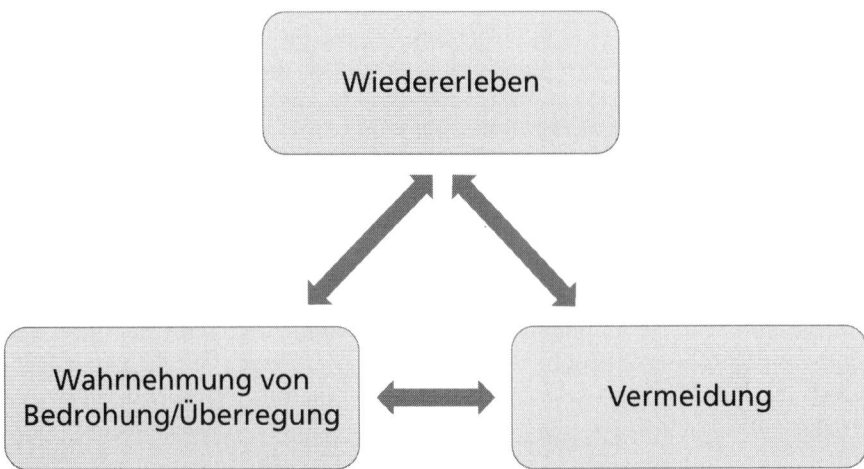

Abb. 1.1: Die drei Symptomgruppen der PTBS

Im Fallbeispiel sind diese drei Symptomgruppen klar zu erkennen: Frau B.s anhaltende Alpträume weisen auf eine Wiedererlebens-Symptomatik hin. Ihre Unfähigkeit, Tätigkeiten zu verrichten, die in unmittelbarer Nähe mit dem traumatischen Ereignis standen (Auto oder Bus fahren), sind Beispiele für Vermeidungsverhalten. Symptome der Übererregung manifestieren sich in übersteigerter Schreckhaftigkeit und Konzentrationsschwierigkeiten.

Wiedererleben

Die betroffene Person erlebt das traumatische Ereignis oder Aspekte davon auf unkontrollierbare Weise wieder. Dies kann in wachem Zustand sein oder im Schlaf stattfinden (z. B. Alpträume). Dabei erfolgt das Wiedererleben nicht nur visuell in Form lebhafter Bilder und Träume, sondern auch verschiedene sensorischen Systeme sind am Wiedererleben beteiligt: Gerüche, Geräusche, körperliche Empfindungen (z. B. Berührungen auf der Haut), physiologische Reaktionen (z. B. Schwitzen), all dies drängt sich dem oder der Betroffenen unkontrollierbar erneut auf, so wie es damals passiert ist. Ursprünglich nicht mit dem traumatischen Ereignis in Zusammenhang stehende Stimuli (sogenannte »Trigger« wie z. B. das Schlagen einer Autotür, klingeln an der Haustür) können dabei ein Wiedererleben auslösen.

- Nach *ICD-11* wird das Vorliegen lebhafter intrusiver Erinnerungen, Flachbacks oder Alpträumen gefordert, gefolgt von starken Emotionen (z. B. Angst, Hilflosigkeit) und physischen Empfindungen. Ebenfalls ist es möglich, dass Betroffene von den gleich-intensiven Gefühlen wie bei Ablauf des traumatischen

Ereignisses überströmt werden. Dies bedeutet, leichte Erinnerungen an das Erlebte reichen nicht aus, es muss sich um intensive intrusive Wahrnehmungen »im Hier und Jetzt« handeln.
- Im *DSM-5* (B-Kriterium) muss das traumatische Ereignis persistent wiedererlebt werden. Dazu zählen (1) ungewollte aufwühlende Erinnerungen, (2) Alpträume, (3) Flashbacks sowie (4) emotionales Leid oder (5) physische Reaktivität, wenn Betroffene Erinnerungen an das traumatische Ereignis ausgesetzt werden. Es muss mindestens eins der Kriterien 1–4 erfüllt sein.

Vermeidung

Das unkontrollierte Aufdrängen der traumatischen Erfahrung ist für Betroffene sehr unangenehm. Aus diesem Grund versuchen sie, alle Möglichkeiten zu vermeiden, die Erinnerungen an die traumatische Situation auslösen könnten. In der Konsequenz vermeiden sie Situationen, Plätze, Tätigkeiten, Gespräche oder andere Menschen, die mit dem traumatischen Ereignis in Zusammenhang stehen bzw. als Trigger wirken können.

- *ICD-11:* Das Vermeiden von Gedanken, Erinnerungen an das Ereignis muss erkennbar sein und/oder das Vermeiden von Aktivitäten, Situationen oder Personen, die an das Ereignis erinnern.
- Im *DSM-5* (C-Kriterium) kann Vermeidung durch zwei Formen sichtbar sein: (1) Vermeidung traumabezogener Gedanken oder Gefühle oder (2) Vermeidung von Erinnerungen an das traumatische Ereignis. Mindestens ein Kriterium (1 oder 2) muss erfüllt sein.

Wahrnehmung einer gegenwärtigen Bedrohung (Übererregung)

Wenn ein Mensch Stress erlebt, löst dies eine Kaskade physiologischer Reaktionen aus (z. B. Kampf- und Fluchtreaktion bei Bedrohung). Bei einer PTBS bleibt der Körper in diesem anhaltenden Alarmzustand gefangen – es findet keine Regulation auf Normallevel mehr statt. Diese Symptomgruppe nennt sich Übererregung oder Hyperarousal – der Körper kann jederzeit auf eine vermeintlich erneut auftretende bedrohliche Situation reagieren. Die Folge sind erhöhte Schreckhaftigkeit und eine übermäßige Schreckreaktion (z. B. Zusammenzucken bei kleinen Geräuschen) sowie Begleiterscheinungen wie Schlafstörungen oder Konzentrationsschwierigkeiten.

- *ICD-11:* Diese Symptomgruppe wird *Anhaltende Wahrnehmung einer erhöhten gegenwärtigen Bedrohung* genannt, die sich durch Hypervigilanz oder eine überhöhte Schreckreaktion auf Stimuli zeigen kann (z. B. unerwartete Geräusche).
- Im *DSM-5* wird dieses Symptommuster als *Übererregung oder gesteigerte Reaktivität* (Kriterium E) formuliert. Es müssen mindestens zwei der folgenden Kriterien entweder nach dem traumatischen Ereignis begonnen oder sich verschlechtert haben: (1) Irritierbarkeit oder Aggression, (2) risikohaftes oder zerstörerisches

Verhalten, (3) Hypervigilanz, (4) erhöhte Schreckreaktion, (5) Konzentrationsschwierigkeiten, (6) Schlafstörungen.

1.3 Zusätzliches D-Kriterium nach DSM-5

Im DSM-5 müssen zusätzliche Kriterien erfüllt sein, die nach ICD-11 eher dem Bereich KPTBS zuzuschreiben sind. Es handelt sich hierbei um die Symptomgruppe D *Veränderungen in Gedanken und Gefühlen*. Die Symptomgruppe beschreibt das Vorhandensein stark negativer Gedanken oder Gefühle, die nach dem Erleben des traumatischen Ereignisses begonnen oder sich danach intensiviert haben. Dazu gehören (1) Unfähigkeit, Kernaspekte des traumatischen Ereignisses zu erinnern, (2) übermäßig negative Gedanken und Annahmen über das Selbst oder die Welt, (3) überzogene Schuldzuschreibungen hinsichtlich der Verursachung des traumatischen Ereignisses, gegenüber einem selbst oder anderen Personen, (4) negativer Affekt, (5) vermindertes Interesse an Aktivitäten, (6) Gefühle der Isoliertheit, (7) Schwierigkeiten positive Gefühle zu empfinden. Es müssen zwei der Untergruppen 1–7 für eine Diagnose nach DSM-5 zutreffen (APA 2015).

1.4 Dauer der und Beeinträchtigung durch Symptome

Um zu verhindern, dass eine (normal auftretende) Belastungsreaktion fälschlicherweise als PTBS diagnostiziert wird oder nur geringfügig ausgeprägte Symptome pathologisiert werden, gibt es Kriterien für Schweregrad und Dauer der Symptome. In beiden Klassifikationssystemen sind ähnliche Kriterien zu finden: Zur Dauer der Symptome erfordert die ICD-11 ein Vorhandensein über mehrere Wochen, im DSM-5 kann eine Diagnose erst nach mindestens einem Monat seit Beginn der Symptome gestellt werden. Nach ICD-11 muss weiterhin eine funktionale Beeinträchtigung vorliegen (z. B. in persönlichen, familiären, sozialen Bereichen, bezüglich der Ausbildung oder des Jobs oder in anderen wichtigen Funktionsbereichen). Ähnlich formuliert das DSM-5 (Kriterium G): Die Symptome müssen zu funktioneller Beeinträchtigung (z. B. sozial oder beruflich) führen oder Leid hervorrufen (vgl. APA 2013; WHO 2018).

1.5   Unterformen der PTBS nach DSM-5

Im DSM-5 kann zwischen zwei Typen der PTBS differenziert werden (APA 2015):

Dissoziativer Subtyp

Es wird unterschieden, ob ein dissoziativer Subtyp vorliegt. Dissoziation wird definiert, wenn eines der folgenden Kriterien als Reaktion auf traumabezogene Stimuli auftritt:

- *Depersonalisation:* Empfindung, sich außerhalb des oder losgelöst vom eigenen Körper zu befinden (z. B. Gefühle, sich wie in einem Traum zu befinden oder dass dies nicht einem selbst passiert).
- *Derealisation:* Empfindungen von Unwirklichkeit, Distanz oder Verzerrung (z. B. Dinge sind nicht real).

Verzögerter Beginn

Abschließend wird im DSM-5 klassifiziert, ob der Beginn der Symptomatik *verzögert* war, d. h. die Kriterien für eine Diagnose traten mindestens sechs Monate nach Erleben des traumatischen Ereignisses auf. Dies gilt für das vollständige Kriterienset; einzelne Symptome können vorher bestanden haben.

2 Die komplexe PTBS (KPTBS)

Fallbeispiel

Ein 45-jähriger Patient ist mit 21 Jahren in der ehemaligen DDR aus politischen Gründen inhaftiert worden und war 6 Jahre lang im Gefängnis. Er berichtet:
»Ich bin nicht mehr so, ich bin anders geworden. Ich versuche, vieles nicht mehr an mich herankommen zu lassen. [...]. Aber wenn was rankommt, überreagiere ich, aggressiv z.T. und intoleranter dadurch. [...]. Ich habe Probleme mit allem, was so irgendwie an Zwangsmechanismen erinnert. Entweder erstarrt man davor und wagt nicht, sich zu rühren oder man begehrt dagegen auf und nimmt das absolut nicht ernst. Die Zwischenform, das, was angemessen wäre, das fehlt bei mir. Und das wirkt sich natürlich am Arbeitsplatz aus. Ich bin mehr arbeitslos, als dass ich einen Job habe, weil ich die Hierarchien nicht verinnerlichen kann. Da schaffe ich es irgendwie nicht, die angemessene Reaktion zu finden ... Und wenn ich dann wieder sehe, dass die [ehemaligen Täter] es gut haben, das verursacht bei mir so ein massives Bauchgrimmen, dann bin ich 2, 3 Tage nicht ansprechbar, weil ich den Eindruck habe, die haben plötzlich wieder den Sieg. [...]. Man muss doch die Leute auch mal ein bisschen foltern ... So lange, wie ich lebe, werde ich alles hassen, was mit denen zu tun hat. [...]. Meiner Frau gegenüber bin ich im Nichtverstehen manchmal sehr böse gekommen, sehr sehr böse [...]. Man hatte die Opfermentalität, man hat einfach von der Umwelt erwartet, dass man verstanden wird. Aber das war ja nicht vorhanden, da gab es so eine Mauer des Schweigens, eine Mitschuld des Schweigens. Da hat man sich weiter eingeigelt [...].«
(Fallbeispiel aus Hecker und Maercker 2015, S. 553)

2.1 Entstehung und klinisches Bild

Anfang der 1990er Jahre schlug die amerikanische Psychiaterin Herman erstmalig die Diagnose der komplexen PTBS vor. Sie hatte festgestellt, dass Betroffene von sich wiederholenden oder langanhaltenden von Menschen verursachten Traumata (z. B. jahrelanger Missbrauch in der Kindheit, allgemein Typ-II-Traumata) ein viel komplexeres Muster an Problemen aufwiesen, die durch die Diagnose der klassischen PTBS nicht hinreichend erklärt werden konnten (Herman 1992). Nach Hermans

Vorschlag wurde die KPTBS als Diagnose in der Fachliteratur kontrovers diskutiert. Im aktuell gültigen DSM-5 entschied man sich gegen die Aufnahme einer eigenständigen Diagnose. In der ICD-10 gab es bereits eine Vorgängerdiagnose (F62.0 *Anhaltende Persönlichkeitsveränderung nach Extrembelastungen*), die aber keine PTBS-Symptomatik erforderte. In der klinischen Praxis wurde sie aufgrund ihrer Zuordnung zu den Persönlichkeitsstörungen häufig als wenig nützlich wahrgenommen und in der ICD-11 entsprechend angepasst.

Betroffene mit komplexer Symptomatik zeigen Probleme in der Emotionsregulation, gesteigerte Impulsivität und Stimmungsschwankungen (z. B. Hoffnungslosigkeit und starke Verzweiflung). Auch die Selbstwahrnehmung verändert sich (z. B. tiefer Selbsthass, selbstverletzendes Verhalten, mangelnde Selbstfürsorge, Suizidalität) «, ebenso wie die Beziehungsfähigkeit zu anderen (dysfunktionale Beziehungsmuster, starkes Misstrauen, häufige Beziehungsbrüche). Häufig haben Betroffene eine verzerrte Wahrnehmung des Täters oder der Täterin, die in einer paradoxen Idealisierung, aber auch in starken Rachegefühlen münden kann. Zusätzlich treten Störungen des Bewusstseins auf mit dissoziativen Episoden und/oder Depersonalisierung (Hecker und Maercker 2015; Herman 1992; van der Kolk et al. 2005).

2.2 KPTBS nach ICD-11

Eine KPTBS als »Geschwisterdiagnose« der PTBS kann diagnostiziert werden, wenn folgende Kriterien erfüllt sind (Augsburger und Maercker 2018a; Maercker und Augsburger 2017):

Das traumatische Ereignis

Die Grunddefinition eines traumatischen Ereignisses baut auf dem traumatischen Ereignis der PTBS auf. Es ist ergänzt um den Aspekt der Dauer (langanhaltend oder wiederholt) und der Unmöglichkeit, dem Ereignis zu entkommen. Als Beispiele werden Folter, Sklaverei, Genozid-Kampagnen, häusliche Gewalt sowie sexueller Missbrauch und Misshandlungen in der Kindheit genannt.

Die drei Kernsymptomgruppen der PTBS

Damit eine KPTBS diagnostiziert werden kann, müssen die drei Kernsymptomgruppen der PTBS (Wiedererleben, Vermeidung, Wahrnehmung einer gegenwärtigen Bedrohung) in klinisch signifikantem Ausmaß vorhanden sein.

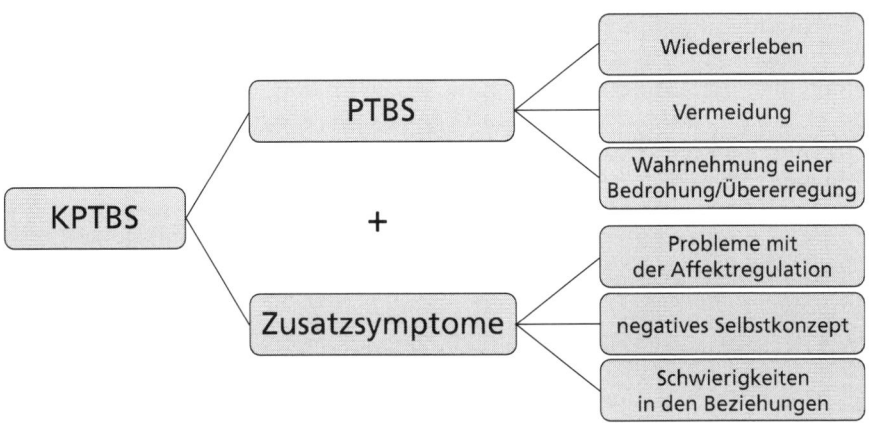

Abb. 2.1: Konzeptualisierung der KPTBS

Zusatzsymptome spezifisch für die KPTBS

Wie aus Abbildung 2.1 ersichtlich (▶ Abb. 2.1), müssen bei der KPTBS Einschränkungen in drei weiteren Bereichen vorhanden sein: (1) anhaltende und schwere Probleme mit der Affektregulation, (2) persistente Überzeugung, »wertlos«, gescheitert oder schlecht zu sein, (3) anhaltende Schwierigkeiten, Beziehungen aufrechtzuerhalten und sich anderen Personen nah zu fühlen.

Beeinträchtigung

Auch bei der KPTBS muss die Symptomschwere ein Ausmaß annehmen, dass eine signifikante funktionelle Beeinträchtigung in wichtigen Lebensbereichen vorliegt, ähnlich der Formulierung bei der PTBS.

Dieser neue Diagnoseschlüssel erlaubt es, Patienten und Patientinnen mit einem tiefgreifenden Störungsbild adäquat zu beschreiben und einer geeigneten Behandlung zukommen zu lassen, ohne sie mit dem Stigma einer Persönlichkeitsstörung zu belegen.

2.3 Validität und Nutzen der neuen Diagnose

Mittlerweile liegen mehrere Studien vor, die die Validität der neuen Diagnose nach ICD-11 stützen, wie eine aktuelle Übersichtsarbeit zeigt (Brewin et al. 2017). Auch die Konzeptualisierung der KPTBS als Erweiterung der PTBS-Kernsymptome um Zusatzsymptome ist empirisch gestützt (Brewin et al. 2017; Hyland et al. 2017b).

Eine KPTBS tritt häufiger als eine PTBS nach traumatischen Erfahrungen in der Kindheit auf und ist mit stärkeren Beeinträchtigungen assoziiert (Brewin et al. 2017).

Doch auch im Erwachsenalter ist die Entwicklung einer PTBS nach sehr schweren traumatischen Erlebnissen möglich. Dies wurde in einer Studie mit Überlebenden in Kriegs- und Konfliktregionen gezeigt (De Jong et al. 2005). Zusammenfassend zeigt die Forschung, dass es sich bei der KPTBS um eine klinisch nützliche und valide Diagnose handelt. Mit der Aufnahme in das ICD-11 wird berücksichtigt, dass komplex Traumatisierte einen höheren therapeutischen Aufwand nach sich ziehen.

2.4 Exkurs: Vergleich der Klassifikationssysteme

Die beiden aktuell gültigen Klassifikationssysteme unterscheiden sich deutlich in der Konzeptualisierung von PTBS bzw. KPTBS. Im DSM-5 ist nicht nur die Anzahl der jeweils benötigten Kriterien genau spezifiziert, sondern es wird auch neben den drei Grundsymptomgruppen eine Anzahl von nötigen Zusatzsymptomen benannt. Im Gegensatz dazu verfolgt die ICD-11 einen anderen Ansatz: Mit dem Ziel der maximalen klinischen Nützlichkeit fokussiert sich die Konzeptualisierung des Störungsbilds auf die drei wesentlichen Kernsymptomgruppen. Alle potentiell mit anderen Störungsbildern überlappenden Symptome wurden aus der Kategorisierung gestrichen. Tabelle 2.1 stellt die unterschiedlichen Definitionen der PTBS im direkten Vergleich gegenüber (► Tab. 2.1).

Tab. 2.1: Gegenüberstellung der Kriterien für die PTBS nach den beiden Klassifikationssystemen (APA 2015; WHO 2018)

	DSM-5	ICD-11
A	Traumatisches Ereignis liegt vor	Traumatisches Ereignis liegt vor
B	Wiedererleben	Wiedererleben
C	Vermeidung	Vermeidung
D	Anhaltend negative Gedanken/Gefühle	/
E	Übererregung	Wahrnehmung einer anhaltenden gegenwärtigen Bedrohung
F	Dauer min. > 1 Monat	Dauer min. mehrere Wochen
G	Beeinträchtigung liegt vor	Beeinträchtigung liegt vor
H	Ausschluss anderer (medizinischer) Ursachen	/
	Zusatz: Dissoziativer Subtyp; verzögerter Beginn	KPTBS als »Geschwister«-Diagnose

Anmerkung: Obwohl nicht explizit genannt, wird der Ausschluss medizinischer Ursachen auch in der ICD-11 implizit vorausgesetzt.

Dies hat zur Folge, dass je nach Klassifikationssystem unterschiedliche Personengruppen mit einer PTBS diagnostiziert werden können. Verschiedene Untersuchungen haben dies gezeigt (z. B. Barbano et al. 2018; Hyland et al. 2018; Wisco et al. 2017). Zu interessanten Ergebnissen kommt eine Studie, die Unterschiede in Prävalenzen in verschiedenen Stichproben untersucht hat: Während bei studentischen Teilnehmenden die Anwendung der ICD-11 Kriterien zu weniger Fällen führte im Vergleich zu DSM-5, ergab sich bei chronischen Schmerzpatienten und Schmerzpatientinnen sowie bei Militärangehörigen kein Unterschied (Hansen et al. 2017). Weitere Forschung und die klinische Praxis werden klären müssen, wie sich diese Widersprüche auflösen lassen.

> **Merke**
>
> Je nach Diagnosesystem könnten unterschiedliche Personengruppen mit einer PTBS klassifiziert werden. Da im deutschsprachigen Raum in der Praxis vorrangig ICD-Kriterien angewandt werden, wird dieses Problem vor allem im internationalen Vergleich relevant.

3 Häufigkeit von PTBS und KPTBS

Das Risiko, jemals in seinem Leben ein potentiell traumatisches Ereignis zu erleben, ist hoch. Basierend auf einer großen epidemiologischen Untersuchung in Deutschland berichten ca. 67 % aller Befragten von der Konfrontation mit einer traumatischen Situation. Die häufigsten Ereignisse sind bezeugte Situationen, Unfälle und körperliche Gewalt (Maercker et al. 2018). Doch nur eine Minderheit der betroffenen Personen entwickelt anschließend auch eine PTBS oder KPTBS.

3.1 Prävalenzraten

Eine große epidemiologische Studie mit bevölkerungsrepräsentativen Daten ist die *European Study of the Epidemiology of Mental Disorders/Mental Health Disability* (Europäische Studie zur Epidemiologie psychischer Störungen/psychischer Gesundheitsbeeinträchtigungen) aus dem Jahr 2000 (Alonso et al. 2002). Die Diagnosen basieren auf den (älteren) Kriterien nach DSM-IV. Die für Deutschland an einer Stichprobe von 1.323 Personen ermittelten Zahlen aus diesem Survey sind in Tabelle 3.1 zu finden (▶ Tab. 3.1). Demnach erkranken 1,7 aus 100 Personen im Laufe ihres Lebens irgendwann einmal an einer PTBS (Koenen et al. 2017).

Tab. 3.1: Prävalenzraten der PTBS in Deutschland (nach Koenen et al. 2017)

Prävalenztyp	Prävalenzrate
Lebenszeitprävalenz Gesamtstichprobe	1,7 %
Lebenszeitprävalenz nach Traumaexposition	2,5 %
Jahresprävalenz nach Traumaexposition	1,0 %
Monatsprävalenz nach Traumaexposition	0,4 %

Für die aktuellen Kriterien nach ICD-11 hat eine erste repräsentative großangelegte Untersuchung der Bevölkerung in Deutschland (2.524 Teilnehmende) ergeben, dass im Einmonatszeitraum 1,5 % die Kriterien der PTBS bzw. 0,5 % der KPTBS erfüllen (Maercker et al. 2018). Hierbei handelt es sich um Selbstberichte der Teilnehmenden, die die eigentliche Diagnose mittels strukturierten Interviews somit überschätzen könnten.

Prävalenzen im weltweiten Vergleich

Basierend auf den Daten der *European Study of the Epidemiology of Mental Disorders* liegt Deutschland im weltweiten Vergleich im unteren Bereich zwischen 0,3 % für die Volksrepublik China und 8,8 % in Nordirland (Koenen et al. 2017).

Unterschiede in der länderspezifischen Auftretenshäufigkeit lassen sich unter anderem mit verschiedenen Traumaexpositionen erklären. In manchen Weltregionen besteht ein erhöhtes Risiko für Naturkatastrophen (z. B. Wirbelstürme, Erdbeben), aber auch Kriege, Konflikte und die Folgen instabiler politischer Systeme ebenso wie staatliche Willkür und/oder weitgehende Straffreiheit für Gewaltstaaten erhöhen das Risiko für eine Traumaexposition und damit eine PTBS. Dazu kommen kulturelle Einstellungen, die dazu führen, dass die Symptome individuell nicht wahrgenommen werden, sogar dann, wenn konkret nach ihnen gefragt wird (▶ Teil B).

Risikopopulationen

In Anbetracht der relativ geringen Durchschnittsprävalenzen für die PTBS in Deutschland muss berücksichtigt werden, dass manche Gruppen aufgrund der höheren Traumaexposition ein vielfach erhöhtes Risiko haben, an einer PTBS zu erkranken. Dies betrifft um Beispiel Geflüchtete mit Kriegs- und Foltererfahrungen. Für Deutschland wird eine PTBS-Punktprävalenz von 40 % kurz nach der Ankunft berichtet, jedoch handelt es sich dabei um eine sehr kleine Stichprobe (Gäbel et al. 2006).

Auch Mitarbeitende und Ehrenamtliche aus Hilfs- und Blaulichtorganisationen (z. B. Rettungsdienst, Feuerwehr, Polizei) tragen ein erhöhtes Risiko für eine PTBS. In einer älteren Studie mit Berufsfeuerwehrangehörigen berichtete nahezu ein Fünftel von einer PTBS (Wagner et al. 1998). Nach dem ICE-Unfall von Eschede berichteten ein halbes Jahr später 6 % der untersuchten Einsatzkräfte von klinisch bedeutsamen Symptomen (Bengel et al. 2003).

> **Merke**
>
> In Risikogruppen mit gesteigerter Traumaexposition ist auch die Wahrscheinlichkeit für eine PTBS erhöht.

3.2 Risiko- und Schutzfaktoren

Da der Großteil der Menschen nach traumatischen Ereignissen keine langfristigen Folgen im Sinne einer PTBS davonträgt, stellt sich die Frage nach Risiko- und Schutzfaktoren. Folgende Aspekte spielen eine wichtige Rolle:

Geschlecht

Die Mehrheit der Studien zeigt, dass häufiger Frauen als Männer an einer PTBS erkranken (Verhältnis 2:1), obwohl sie ein geringeres Risiko aufweisen, traumatische Situationen zu erleben (Tolin und Foa 2006). Spezifisch für Deutschland konnten diese Unterschiede nur partiell bestätigt werden. Basierend auf ICD-11 erfüllten marginal mehr Frauen als Männer (1,7 % versus 1,1 %) die Kriterien, doch der Unterschied war statistisch nicht signifikant (Maercker et al. 2018).

Ein häufiges Argument für die Unterschiede zwischen Männern und Frauen ist das geschlechtsspezifisch erhöhte Risiko für bestimmte hoch pathogene traumatische Ereignisse wie z. B. sexuelle Gewalterfahrungen bei Frauen. Doch eine großangelegte Meta-Analyse konnte zeigen, dass das PTBS-Risiko auch bei Kontrolle des Traumatyps für Frauen höher als für Männer ist. Dies gilt allerdings nicht für sexuelle Gewalterfahrungen im Kindes- oder Erwachsenalter. Hier haben Männer und Frauen ein ähnlich hohes Risiko für die Entstehung der PTBS (Tolin und Foa 2006).

Alter

Insgesamt ist ein höheres Alter nicht mit einem gesteigerten PTBS-Risiko assoziiert (Spitzer et al. 2008). Doch aufgrund der Kriegserfahrungen in den beiden Weltkriegen muss bei sehr alten Personen in Deutschland die Gefahr einer »verzögerten« PTBS über die Jahrzehnte beachtet werden (Augsburger und Maercker 2018b). Darüber hinaus zeigen Studien, dass traumatische Erlebnisse in der Kindheit das Risiko für eine PTBS im Erwachsenenalter erhöhen (Brewin et al. 2000).

Soziodemographische und familiäre Faktoren

Ein *niedriger Bildungsstand* ebenso wie ein *geringerer sozioökonomischer Status* stellen einen Risikofaktor für die Entstehung einer PTBS dar (Brewin et al. 2000; Perkonigg et al. 2000).

In der Meta-Analyse von Ozer et al. (2003) wurde ein Zusammenhang zu in der *Familie berichteter Psychopathologie* offensichtlich: Leidet ein Familienmitglied an einer psychischen Störung, so erhöht dies das Risiko für eine PTBS. Der Zusammenhang liegt insgesamt im kleinen bis mittleren Bereich und schwankt sehr stark, je nach Art des traumatischen Ereignisses (niedriger für eine PTBS nach Kriegs- oder Kampferfahrungen) und der Erhebungsmethode. Ebenfalls in dieser Meta-Analyse relevant waren vorangehende *psychologische Probleme bei der betroffenen Person* selbst:

Prätraumatische emotionale Probleme, Angst- oder affektive Störungen, vorangegangene psychologische Behandlung, aber auch antisoziale Persönlichkeitsstrukturen bei Militärangehörigen stellen ein erhöhtes Risiko für die Entstehung einer PTBS dar. Allerdings wurden diese Informationen in einem Querschnittsdesign erhoben, so dass eine eindeutige Identifikation von Kausalfaktoren nicht möglich ist (Ozer et al. 2003).

Traumatyp

Nicht jede traumatische Erfahrung ist gleich schädigend (pathogen) für die psychische Gesundheit. Tabelle 3.2 zeigt die Abhängigkeit der PTBS-Diagnose vom subjektiv schlimmsten erlebten Ereignistyps in der repräsentativen ICD-11-Studie aus Deutschland (▶ Tab. 3.2). Es wird deutlich, dass sexuelle Gewalterfahrungen in Kindheit und Erwachsenalter sowie Gefangenschaft mit dem höchsten Risiko einer PTBS und auch KPTBS einhergehen (Maercker et al. 2018). Auch wenn die Erkenntnisse teilweise auf sehr geringen Personenanzahlen in den jeweiligen Kategorien beruhen, so decken sich diese Angaben mit internationalen Befunden.

Tab. 3.2: PTBS-Häufigkeit nach Trauma-Art bei Angabe des subjektiv schlimmsten Ereignisses (503 Teilnehmende) (nach Maercker et al. 2018)

Traumatyp (subjektiv schlimmstes Ereignis)	PTBS Angaben in %	KPTBS Angaben in %
Kindesmissbrauch (< 14.Lebensjahr)	11,1	7,4
Vergewaltigung	16,7	6,7
Kriegserfahrungen	6,3	2,1
Gefangenschaft/Entführung	20,0	0,0
Körperliche Gewalt	11,1	4,2
Schwere Unfälle	7,4	2,0
Zeuge eines traumatischen Ereignisses	3,4	0,8
Naturkatastrophen	7,1	0,0
Lebensbedrohliche Krankheit	8,0	0,0
Andere Traumata	11,1	5,6

Allgemein kann ein Dosis-Wirkungszusammenhang zwischen der kumulierten Anzahl der traumatischen Ereignisse und dem gesteigerten Risiko einer PTBS beobachtet werden. Auch »objektivierbare« Parameter wie die Zeitdauer des Ereignisses, das Ausmaß an Schaden (z. B. Anzahl Verletze oder Tote), aber auch die wahrgenommene Lebensbedrohung steht in Zusammenhang mit der Entwicklung der PTBS (Kaysen et al. 2010; Ozer et al. 2003).

Peritraumatische Reaktionen

Die Meta-Analyse von Ozer et al. (2003) zeigt, dass peritraumatische Faktoren die größte Rolle hinsichtlich der Entstehung einer PTBS spielen. Betroffene, die während des Ereignisses stark negativ emotional reagieren (z. B. große Furcht, Schuld, Scham und Gefühle der Hilflosigkeit), haben ein erhöhtes Risiko, an einer PTBS zu erkranken. Ebenfalls ist eine während des Ereignisses stattfindende Dissoziation ein wichtiger Prädiktor (Ozer et al. 2003). Diese Befunde decken sich mit Studien mit politisch Inhaftierten und Überlebenden sexueller Gewalt zur persönlichen Bewertung des traumatischen Ereignisses: In den Untersuchungen war der subjektiv wahrgenommene Handlungsspielraum während des Ereignisses prädiktiv für die Symptomatik der PTBS bzw. Symptomreduktion nach psychotherapeutischer Behandlung, da diese Personen ihr Erlebtes besser integrieren und verarbeiten können (Ehlers et al. 2000; Maercker et al. 2000). Diese peritraumatischen Reaktionen spielen in kognitiven Modellen und Therapien der PTBS eine große Rolle.

Posttraumatische Einflüsse

Durch zwei Meta-Analysen bestätigt ist die große Rolle von fehlender sozialer Unterstützung bei der Entwicklung einer PTBS nach dem Erleben eines traumatischen Ereignisses (Brewin et al. 2000; Ozer et al. 2003). Soziale Unterstützung kann nicht nur in der Familie erfolgen, sondern erstreckt sich auf das gesamte weitere soziale Umfeld (Maercker et al. 2017; Maercker und Müller 2004). Basierend auf diesen Befunden wurde das sozio-interpersonale Rahmenmodell der PTBS entwickelt, das in Kapitel 5 vorgestellt wird (▶ Kap. 5).

> **Merke**
>
> Nicht jede Person, die ein traumatisches Ereignis erlebt hat, entwickelt eine chronische PTBS. Erst die diagnostische Abklärung und Einordnung von Symptomen und Beschwerden ermöglicht die akkurate Diagnosestellung und damit Behandlungsplanung.

3.3 Verlauf

Individuelle Verläufe der PTBS sind kaum vorherzusagen und folgen keinem eindeutigen Muster. Eine Meta-Analyse mit 42 Studien zeigt, dass ungefähr die Hälfte der Personen mit einer PTBS Symptomatik nach mehr als drei Jahren ohne spezifische Behandlung keine Symptome mehr aufweist. Jedoch liegt eine sehr große Streuung vor, abhängig von dem Erhebungszeitpunkt und der Art des Ereignisses

(Morina et al. 2014). Insgesamt scheint ein verzögerter Beginn der PTBS ohne vorherige traumabezogene Beschwerden eher selten der Fall zu sein (in einer Größenordnung unter 10 %), wie eine andere Überblicksarbeit verdeutlicht (Andrews et al. 2007). Diese Studien verdeutlichen, dass in jedem Alter mit dem Vorhandensein einer PTBS gerechnet werden muss, unabhängig vom Zeitpunkt des traumatischen Ereignisses.

4 Komorbidität und Begleitemotionen

Bei Patienten und Patientinnen mit PTBS sind weitere psychische Störungen und Symptome sehr wahrscheinlich.

4.1 Komorbide Störungen

Beim überwiegenden Anteil der Betroffenen liegt neben der PTBS mindestens noch eine weitere psychische Störung vor, häufig sogar zwei oder mehr Diagnosen. Häufig komorbid zur PTBS auftretende Erkrankungen sind affektive Störungen, Substanzmissbrauch und Angststörungen, aber auch somatoforme Störungen. In vielen Fällen handelt es sich bei der PTBS um die Primärdiagnose und andere Störungsbilder entwickeln sich als dysfunktionale Bewältigungsstrategien – z. B. Alkoholmissbrauch zur vermeintlichen Reduktion des Wiedererlebens entwickelt sich zur Abhängigkeit (Kessler 1995; Perkonigg et al. 2000). Für die Therapieplanung sollte daher eingegrenzt werden, ob es sich bei der PTBS/KPTBS um die primäre Störung handelt oder ob sie sich sekundär entwickelt hat. Anhand des traumatischen Ereignisses und dem zeitlichen Beginn der Symptome lässt sich dies meist gut einordnen.

4.2 Begleitemotionen

Bei der PTBS treten verschiedene Emotionen gehäuft auf, die nicht den diagnostischen Kriterien zugeordnet werden, therapeutisch aber eine große Relevanz aufweisen. Dazu gehören soziale Emotionen wie *Scham*, die Angst vor der Zurückweisung durch andere aufgrund des eigenen Verhaltens (Gilbert 2000) und *Schuld*, Überzeugung, dass man anders hätte handeln sollen und können (Kubany und Watson 2003). Betroffene nach Gewalterfahrungen erleben vermehrt Schuld und Scham, dies wiederum fördert die Entstehung der PTBS (Aakvaag et al. 2016; Andrews et al. 2000).

Bei Überlebenden sexueller Gewalt stehen oft *Ekelgefühle* im Vordergrund. Diese können sich auf den eigenen Körper beziehen oder auf Stimuli, die an die Situation erinnern (Fairbrother und Rachman 2004).

Auch Gefühle von *Ärger*, die in Wutausbrüchen oder aggressivem Verhalten münden können, werden von Betroffenen oft berichtet. Diese können sich sowohl auf den Täter/die Täterin beziehen, aber auch auf Personen, die unmittelbar nach dem Trauma auftauchten, wie zum Beispiel Ersthelfende nach einem Verkehrsunfall (Olatunji et al. 2010; Orth et al. 2008). In nicht wenigen Fällen kommen Racheimpulse und -Gedanken gegenüber dem Täter oder der Täterin dazu. Im DSM-5 werden diese Symptome dem Cluster E zugeordnet. Eine aktuelle Meta-Analyse bestätigt den generellen Zusammenhang zwischen PTBS und erhöhter Aggressionsbereitschaft bei Frauen (Augsburger und Maercker 2020).

5 Modelle zur Entstehung der PTBS

Es gibt zahlreiche Modelle zur PTBS. Sie erklären, wie psychologische und physiologische Veränderungen nach traumatischen Erfahrungen zu den typischen Symptomen der PTBS führen. Viele Therapieansätze bauen auf Modellen zur PTBS auf. Im Folgenden werden die Wichtigsten erläutert.

5.1 Paradigma der Furchtkonditionierung

Eines der am besten untersuchten Modelle ist das Paradigma zur Furchtkonditionierung, das auf der Klassischen Konditionierung nach Pavlov aufbaut (vgl. VanElzakker et al. 2014). Dabei wird ein ursprünglich neutraler Stimulus mit einem aversiven Reiz, der zu einer Angstreaktion führt, gepaart. In der Folge reicht der ehemals neutrale (nun: konditionierter) Reiz aus, um die Furchtreaktion hervorzurufen. Im experimentellen Tiermodell wird auf diese Weise ein Tonsignal mit einem elektrischen Schock gepaart, so dass im Folgenden das Tonsignal ausreicht, um eine Angstreaktion hervorzurufen. Für die PTBS bedeutet dies, dass verschiedene Umgebungsstimuli (z. B. bestimmte Töne, Gerüche etc.) mit dem traumatischen Ereignis assoziiert werden, obwohl sie initial nichts damit zu tun haben. Natürlich sind diese Stimuli in der Realität facettenreicher und schwerwiegender als ein einzelner Stimulus im Modell. Der zugrundeliegende Mechanismus ist jedoch ähnlich: Die konditionierten Stimuli fungieren als Trigger für die typischen Symptome des Wiedererlebens (VanElzakker et al. 2014). Befunde aus der Forschung zeigen, dass Patienten und Patientinnen mit PTBS eine Übersensitivität zu furchtbezogenen Stimuli aufweisen, die mit der Stärke des Wiedererlebens korrelieren. Gleichzeitig ist die Furchtextinktion (die Löschung der Verbindung zwischen Reiz und Angstreaktion) beeinträchtigt. Ein genauer Überblick findet sich bei VanElzakker et al. (2014).

Das Paradigma der Furchtkonditionierung liefert eine gute Erklärung, wie Trigger mit der Wiedererlebenssymptomatik zusammenhängen. Jedoch kann es die Komplexität der PTBS nicht gut erklären. Das Modell bietet weder eine Erklärung für die Hyperarousal-Symptomatik noch für die generell erhöhte Furcht bei Personen mit PTBS.

5.2 Die PTBS als Gedächtnisstörung

Neuere Modelle der PTBS beschäftigen sich mit der Frage, wie traumatische Informationen im Gedächtnis gespeichert werden. Der Psychologe Pierre Janet äußerte früh die Vermutung eines dualen Gedächtnissystems: Dabei werden sensorische und perzeptuelle Informationen bedeutsamer Ereignisse in einem bild-basierten Gedächtnissystem abgespeichert, das sich von einer narrativen Gedächtnisstruktur unterscheidet (Janet 1889). Diese Annahme wurde in modernen Theorien wie der dualen Repräsentationstheorie der PTBS weiterentwickelt, die erklärt, wieso Wiedererleben entsteht (Brewin 2014; Brewin et al. 1996; Brewin et al. 2010). Zentral bleibt die Feststellung, dass traumatische Gedächtnisinhalte anders abgespeichert werden als nicht-traumatische Erlebnisse. Gemäß der Theorie können Gedächtnisinhalte im Gehirn in zwei »Systemen« abgespeichert werden: Kontext-verknüpft und strukturiert (sog. C-Gedächtnis bzw. C-reps für die dort repräsentierten Inhalte; das »C« steht im Englischen für *contextual*) oder auf Sinneswahrnehmungen basierend (S-Gedächtnis bzw. S-reps; das »S« steht im Englischen für *sensation-based*). Während C-reps verbal und willentlich abrufbar sind, werden S-reps durch situationsbezogene Stimuli (Trigger) aktiviert und sind somit nicht kontrollierbar oder verbal zugänglich. Beide Systeme können abgrenzbaren und unterschiedlichen neurobiologischen Hirnprozessen zugeordnet werden (siehe nächster Abschnitt).

Bei der nicht-pathologischen Verarbeitung traumatischer Ereignisse sind beide Repräsentationssysteme aktiv und sorgen für eine kohärente Abspeicherung des Erlebten durch diverse Feedbackprozesse zwischen beiden Gedächtnissystemen. Bei Trauma-Patienten/Patientinnen wird die Verarbeitung in den kontextbasierten C-reps geschwächt. Es findet eine bevorzugte Verarbeitung in S-reps statt. Die Integration des Erlebten in beide Gedächtnissysteme ist gestört und Feedbackschleifen außer Kraft gesetzt. Somit werden perzeptuelle und episodische Inhalte nicht verknüpft. Daraus erfolgt eine fragmentierte Konsolidierung des Erlebten, ein sogenanntes Traumagedächtnis bildet sich. Diese Diskrepanz führt einerseits zum Kernsymptom des Wiedererlebens, aber auch zu der Unfähigkeit vieler Patienten und Patientinnen, sich an das Geschehene zu erinnern und kohärent davon berichten zu können. Die duale Repräsentationstheorie wird durch Befunde aus der neurowissenschaftlichen Gedächtnisforschung gestützt (siehe Brewin 2014; Brewin et al. 2010).

Ein weiteres Modell, das veränderte Gedächtnisprozesse zur Aufrechterhaltung der PTBS-Symptomatik beschreibt, ist die Emotionale Verarbeitungstheorie (Foa und Kozak 1986; Foa und Rothbaum 1998). Die Theorie geht davon aus, dass Emotionen (bzw. die emotionale Reaktion) im Gedächtnis als Netzwerkstruktur zusammen mit dem auslösenden Stimulus und der subjektiven Bedeutung der Situation gespeichert werden. Ein potentiell bedrohlicher Stimulus (z. B. Feuer) ist somit eng verknüpft mit der aufgetretenen Reaktion (z. B. Angst, Herzrasen) sowie ihrer Bedeutung (z. B. »Ich werde sterben«). Sobald eine einzelne Information zur Repräsentation im Gedächtnis passt, wird das gesamte Netzwerk aktiviert. Dies wird als Ausbildung einer Furchtstruktur bezeichnet. Es handelt es sich dabei grundsätzlich um einen adaptiven und normalen Prozess, durch den Gefahrensituationen vermieden werden können. Bei der PTBS ist dieser Prozess gestört und es kommt zu

Fehlverknüpfungen: An sich ungefährliche und nicht bedrohliche Stimuli (z. B. der Geruch eines Parfüms) werden mit Gefahr assoziiert und führen zu belastenden Reaktionen (z. B. Angst). Die Furchtstruktur bei einer PTBS besteht somit aus verschiedenen traumabezogenen Stimuli, die unkontrolliert das gesamte Furchtnetzwerk aktivieren. Dies führt zur typischen Wiedererlebenssymptomatik. Kognitive und behaviorale Vermeidung als dysfunktionale Bewältigungsstrategie verhindert, dass diese fehlerhaften Verknüpfungen aufgelöst werden und eine Habituation der nicht-bedrohlichen Stimuli stattfinden kann (Foa und Rothbaum 1998; Rauch und Foa 2006). Zusätzlich wird in der emotionalen Verarbeitungstheorie davon ausgegangen, dass peritraumatisch auftretende Dissoziation eine Fragmentierung des Gedächtnisses begünstigt. Dies bedeutet, dass aufgrund fehlender korrigierender Informationen die Furchtstruktur besser ausgebildet wird und damit zur verstärkten Symptomatik beiträgt (Foa und Rothbaum 1998). Empirisch ist dieses Modell schwierig zu testen. Jedoch lassen sich aus der Theorie drei Voraussetzungen ableiten, die erfüllt sein müssen, damit eine emotionale Verarbeitung im Rahmen des therapeutischen Prozesses gelingen kann: Initiale Aktivierung des Furchtnetzwerks durch Anstieg der Angst und im Anschluss stattfindende Habituation sowohl innerhalb, als auch zwischen den therapeutischen Sitzungen (Foa und Kozak 1986). Während ein großer initialer Angstanstieg bei verschiedenen Angststörungen den Behandlungserfolg vorhersagt, zeigt eine neue Meta-Analyse keinen Zusammenhang. Auch für die Habituation innerhalb und zwischen den Sitzungen sind die Befunde gemischt (vgl. Brown et al. 2019; Rupp et al. 2017). Möglicherweise spielen weitere lerntheoretische und kognitive Aspekte bei der Symptomentstehung eine wichtige Rolle (Rupp et al. 2017). Allerdings passt die Annahme des assoziativen Netzwerks gut zu dem häufig replizierten Befund, dass das Risiko für eine PTBS mit steigender Anzahl traumatischer Erlebnisse zunimmt. Dieses Phänomen wird auch Baustein-Effekt (engl. *building block*) der PTBS genannt (Kolassa et al. 2010; Schauer et al. 2003).

5.3 Erkenntnisse aus der biologischen Stressforschung

Vor allem die Duale Repräsentationstheorie der PTBS stützt sich auf gut replizierte strukturelle und funktionelle Veränderungen im Gehirn. Dabei stehen drei Hauptareale im Mittelpunkt: Der Hippocampus, die Amygdala und der präfrontale Cortex (PFC) bzw. der anteriore cinguläre Cortex (ACC) als Teil des PFC. Zusammen mit weiteren Hirnarealen (▶ Abb. 5.1) bilden sie funktionelle Netzwerke, die an der Entstehung und Aufrechterhaltung der PTBS beteiligt sind. Die neurobiologische Perspektive geht davon aus, dass sich die PTBS als dysfunktionale übergeneralisierte Stressreaktion auf traumatische Erfahrungen beschreiben lässt (Malejko et al. 2017). Im Folgenden wird die Beteiligung der verschiedenen Hirnareale kurz skizziert und in eine globale Betrachtung integriert.

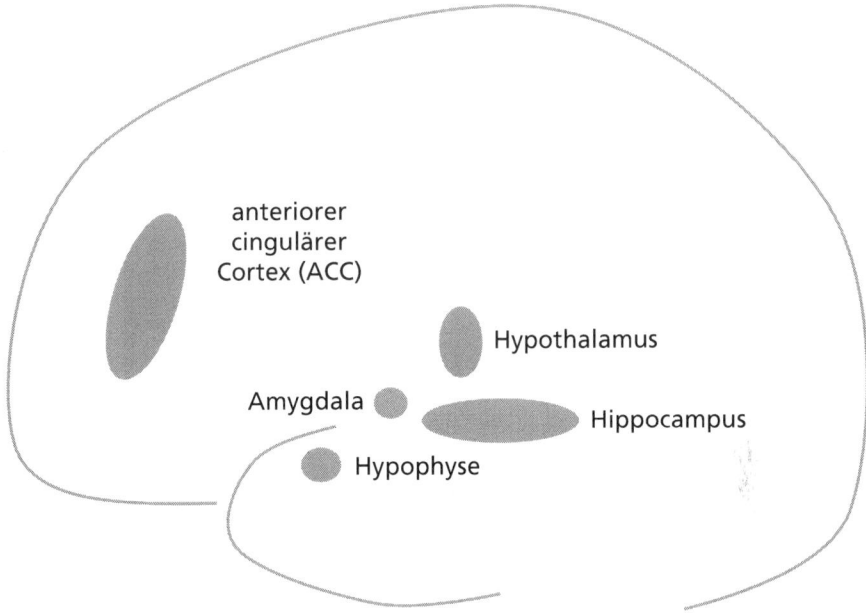

Abb. 5.1: Wichtige Hirnareale für die Entstehung und Aufrechterhaltung der PTBS

Hippocampus

Beim Hippocampus (pro Hemisphäre gibt es einen) handelt es sich um eine subkortikale Struktur, die am Rand des Schläfenlappens liegt. Er spielt eine wichtige Rolle bei Lern- und Gedächtnisprozessen. Da bei der PTBS traumatische Erinnerungen qualitativ anders abgespeichert bzw. abgerufen werden, liegt eine Beteiligung des Hippocampus also nahe. Beim dualen Gedächtnismodell sind hippocampale Areale in die Abspeicherung von Kontextinformationen der C-reps involviert (Brewin et al. 2010).

Darüber hinaus hat er Hippocampus noch eine andere Besonderheit: Seine Struktur ist besonders vulnerabel für Stress: Werden im Tierexperiment Rattenjunge von ihrer Mutter getrennt, sterben Zellen im Hippocampus. Stress wirkt also stark neurotoxisch. Auch bei Menschen mit PTBS finden sich diese Auffälligkeiten in Form von reduziertem Hippocampus-Volumen im Vergleich zu gesunden Kontrollpersonen (Bremner 2006). Damit lässt sich erklären, wieso bei der PTBS Gedächtnisinhalte fragmentiert vorliegen bzw. nicht verbal zugänglich sind. Allerdings ist bisher nicht abschließend geklärt, ob die Volumenreduktion des Hippocampus als genetische Variation einen Risikofaktor darstellt oder sich erst bei Auftreten der PTBS reduziert. Eine Meta-Analyse kommt zu dem Schluss, dass bereits das Erleben einer traumatischen Erfahrung zu einer Volumenreduktion führt. Im Verlauf führt dann die PTBS zu weiteren Veränderungen, die mit Symptomstärke und Dauer zusammenhängen (Karl et al. 2006).

Amygdala

Die Amygdala oder auch Mandelkern (ebenfalls bilateral vorhanden) gehört zum limbischen System und befindet sich im Temporallappen. Sie ist essentiell bei der Bewertung potentieller Gefahren und der Furchtkonditionierung. Somit spielt sie im dualen Gedächtnismodell eine wichtige Rolle für die Abspeicherung in S-reps (Brewin et al. 2010).

Zu den konsistenten Befunden in Bildgebungsstudien gehört eine Überaktivierung der Amygdala bei Personen mit PTBS im Vergleich zu Kontrollpersonen bei Aufgaben mit emotionalen nicht traumabezogenen Inhalten wie zum Beispiel das Erkennen von Gesichtsausdrücken (Shin et al. 2006). Betroffene mit PTBS bewerten somit Stimuli, die für gesunde Personen unbedeutend sind, als potentiell gefährlich. Diese Stimuli rufen dann eine starke Angstreaktion hervor. Gleichzeitig geht man von einer funktionalen Interaktion zwischen der Amygdala und dem Hippocampus aus, so dass vor allem stark emotionale Gedächtnisinhalte nicht adäquat abgespeichert werden können und dies zur typischen Wiedererlebens-Symptomatik führt (Malejko et al. 2017).

Präfrontalcortex

Der präfrontale Cortex und der ACC als fronto-medial gelegener Teil gehören zum Stirnlappen der Großhirnrinde. Der präfrontale Bereich ist zuständig für Handlungskontrolle und -steuerung sowie für die Integration und Bewertung von Informationen aus anderen Hirnregionen. Man spricht von »Top-Down«-Prozessen der kognitiven Kontrolle, bei der andere Areale (wie z. B. die Amygdala) gehemmt werden (Malejko et al. 2017). Bei der PTBS wird der ACC weniger aktiviert, die Kontrolle der Amygdala ist somit beeinträchtigt (Shin et al. 2006). Der Amygdala-induzierte Angstkreislauf wird aufrechterhalten, eine Furchtextinktion kann nicht stattfinden.

Zusammenfassend lässt sich also zeigen, dass bei der PTBS die Interaktion zwischen Amygdala, Hippocampus und präfrontalen Gebieten beeinträchtigt ist und somit die Symptome der PTBS erklären könnten (Bremner 2006). Natürlich ist diese Sichtweise stark vereinfacht und eine Vielzahl weiterer Regionen beteiligt. Doch für die klinische Relevanz spricht, dass erfolgreiche Psychotherapie zu einer Wiederherstellung der normalen Aktivierung dieser Hirnareale führt, wie in einem systematischen Review mit 15 Studien gezeigt wurde (Malejko et al. 2017).

Hypothalamus-Hypophysen-Nebennierenrinden-Achse (HHNA/HPA-Achse)

Die HHNA oder HPA-Achse besteht aus dem Hypothalamus (engl. **h**ypothalamus), der Hypophyse (engl. **p**ituitary gland) und der Nebennierenrinde (engl. **a**drenal gland): Unter Stress schüttet der Hypothalamus das Corticotropin-releasing Hormone (CRH) aus, das in der Hypophyse zur Ausschüttung des Hormons Adrenocorticotropin (ACTH) führt. ACTH stimuliert die Gluccocorticoid-Produktion (Cortisol) in der Nebennierenrinde. Gluccocorticoid wiederum führt als negativer Feedback-Prozess zu einer Hemmung der Hypophyse sowie Hypothalamus und Hippocampus.

Die HPA-Achse beschreibt die wichtigste und fundamentalste Strategie des Körpers zur Regulation der Stressreaktion. Sie reguliert verschiedene Körperprozesse zur Aufrechterhaltung der Homöostase (z. B. Immunsystem, Verdauung) und spielt eine wichtige Rolle bei der Kampf- oder Fluchtreaktion, um das Überleben zu sichern.

Bei der chronisch vorliegenden PTBS ist die Regulation durch die HPA-Achse und ihrer Feedback-Prozesse gestört. Dies resultiert in geringeren Cortisol- und erhöhten CRH-Werten (Bremner 2006). Erhöhtes CRH führt zu vermehrter Ausschüttung von Gluccocorticoiden. Diese tragen möglicherweise zur Zerstörung der Zellen im Hippocampus bei, die besonders viele Gluccocorticoid-Rezeptoren besitzen (Malejko et al. 2017).

5.4 Kognitive Prozesse

Veränderte kognitive Prozesse spielen für die Therapie der PTBS eine große Rolle. Nach dem kognitiven Modell von Ehlers und Clark (2000) entwickelt sich eine PTBS dann, wenn betroffene Personen in der Wahrnehmung einer *gegenwärtigen* Bedrohung verharren, obwohl die *tatsächliche* Bedrohung vorüber ist. Dies führt zu den typischen Angstsymptomen. Das kognitive Modell benennt zwei Voraussetzungen, die zur Entstehung dieser Wahrnehmung beitragen:

1. Eine übermäßig negative Interpretation der traumatischen Situation
Die negative Interpretation bezieht sich nicht nur auf das traumatische Ereignis als solches, sondern auch auf die Situation und den Kontext sowie die darauf auftretenden Gefühle. Die meisten Personen erleben nach schwerwiegenden Erfahrungen anfängliche PTBS-typische Symptome (z. B. Albträume), die mit der Zeit von selbst verschwinden. Katastrophisierende Gedanken führen dazu, dass sich die PTBS-Symptomatik chronifiziert. Diese exzessiv negativen Bewertungen sind individuell verschieden und können sich auf das traumatische Ereignis selbst (»Nirgends bin ich sicher«), die anfänglichen Symptome der PTBS (»Ich werde verrückt«, »ich werde meinen Job verlieren«), auf die Reaktionen anderer Menschen (»niemand kann mir helfen«, »sie halten mich für schwach«) oder sonstige Konsequenzen der traumatischen Erfahrung (»es wird nie mehr so sein wie früher«) beziehen (Ehlers 1999; Ehring 2019).
2. Die Repräsentation des traumatischen Ereignisses im Traumagedächtnis
Hiermit sind die Besonderheiten des Traumagedächtnisses gemeint, wie sie in vorherigen Kapiteln beschrieben wurden: Besonders die »Hier-und-Jetzt«-Qualität des Wiedererlebens sowie die fehlende verbale Zugänglichkeit intensivieren das Gefühl der gegenwärtigen Bedrohung. Für die traumatische Erinnerung fehlt eine

kohärente und geordnete Einbettung in das sonstige autobiographische Gedächtnis und sie kann somit nicht geordnet abgerufen werden. Ehlers und Clark (2000) gehen davon aus, dass während des traumatischen Ereignisses starke Assoziationen zwischen Reizen und dem Erlebten gebildet werden, die zu zukünftig exzessiv negativen und dysfunktionalen Bewertungen führen.

Schließlich führen dysfunktionale Bewältigungsstrategien, die die Betroffenen zur Linderung der Symptomatik anwenden, zu einer Aufrechterhaltung und damit Chronifizierung der Symptome. Auch diese Strategien sind interindividuell unterschiedlich und abhängig von der Art der Bewertung. Typische Beispiele dieser dysfunktionalen Bewältigungsstrategien sind (Ehlers 1999; Ehring 2019):

- Übermäßiger Alkohol- und Drogenkonsum beim Auftreten intrusiver Erinnerungen
- Versuch der Gedankenunterdrückung oder Verhinderung übermäßigen Grübelns (z. B. durch sehr spätes zu Bett gehen)
- Sicherheitsverhalten (z. B. eine Waffe mitnehmen, andere Vorsichtsmaßnahmen treffen)
- Vermeidung von Situationen, Gesprächen oder Erinnerungen (z. B. Ort vermeiden, an dem das Ereignis stattfand, Kleidung vermeiden, die man am Tag des Ereignisses getragen hat)
- Sozialer Rückzug (z. B. Kontakt abbrechen zu Freunden/Freundinnen)

Empirisch ist das kognitive Modell gut gestützt. Studien zeigen, dass übermäßig negative Interpretationen der Intrusionen ein wichtiger Faktor zur Entstehung und Aufrechterhaltung der PTBS ist. Dysfunktionale Bewältigungsstrategien finden sich häufig bei Personen mit PTBS (Mayou et al. 2002; Steil und Ehlers 2000).

5.5   Sozio-interpersonelles Modell

Dieses Modell von Maercker und Horn (2013) knüpft an Ergebnisse aus einer Meta-Analyse an, dass die soziale Unterstützung einer der wichtigsten Faktoren nach den Traumaeinwirkungen ist, der das spätere Ausmaß der PTBS-Symptomatik vorhersagt (Brewin et al. 2000). Es ergänzt die Gedächtnis- und die kognitiven Modelle der PTBS und fokussiert auf folgenden Faktorengruppen (▶ Abb. 5.2):

1. Interdependenz-Faktoren:
   Die Psyche traumatisierter Personen formt sich in der Interaktion mit anderen Menschen, wodurch sich »soziale Affekte« konstituieren. Schuld und Scham, Wut und Ärger, Gefühle der Rache und der Drang nach Vergeltung sind der affektive Ausdruck dafür, dass das Selbstkonzept unmittelbar verbunden ist mit anderen Menschen (Filipp und Aymanns 2018).

2. Dialogische/kommunikative Faktoren:
Hier rückt ins Zentrum, ob und welche Möglichkeiten die betroffene Person und ihre nahe soziale Umwelt hat, die Traumawirkung abzupuffern. Es geht darum, ob man das Erfahrene seinen Gegenübern offenlegen kann (engl. self-disclosure) und welche Reaktionen die Person damit bei ihrem Gegenüber auslöst. Dazu gehört das Gegenteil von sozialer Unterstützung, nämlich soziale Ablehnung, die dazu führt, dass viele Opfer ihre Erfahrungen nicht ausdrücken, zumal es für Betroffene sowieso schwer ist, das Unfassbare in Worte und – weiter fortgeschritten – in eine erzählerische Struktur zu bringen.
3. Gesellschaftliche und kulturelle Faktoren:
Auf dieser Makroebene geht es um die Wertschätzung ganzer Opfergruppen und ihrer einzelnen Vertreter, insbesondere bei historisch tabuisierten Traumata wie sexualisierter oder häuslicher Gewalt (zudem noch in der Konstellation von sexuellem Missbrauch durch Priester o. ä.). Traumatisierte Flüchtlinge berichten ebenfalls, dass ihre traumatischen Erfahrungen infrage gestellt werden bzw. nicht relevant sind für Entscheidungen, die über sie getroffen werden. Kollektiv oder individuell erlebte traumatische Erfahrungen entwickeln jeweils andere Dynamiken. Zudem spielen auf der Makroebene vorherrschende bzw. sich durch die Traumatisierung verändernde Werteorientierungen eine Rolle (z. B. das Ausmaß von Konservativismus; Burri und Maercker 2014).

Empirisch gibt es zu den Komponenten des Modells Belege, von denen diejenigen zu Disclosure (Köhler et al. 2018), sozialen Anerkennung als Traumaüberlebende (Sommer et al. 2017a; 2017b) sowie Wertorientierungen (Zimmermann et al. 2014) am umfangreichsten sind.

In diesem Modell wird aktuell die kulturelle Dimension stark erweitert, die insbesondere erklären soll, warum die Selbstwahrnehmung der PTBS-Symptomatik bei Menschen aus anderen Kulturen oft gering ist bzw. das dissoziative und körperbezogene Symptommuster dominieren (Chentsova-Dutton und Maercker 2019; Maercker et al. 2019).

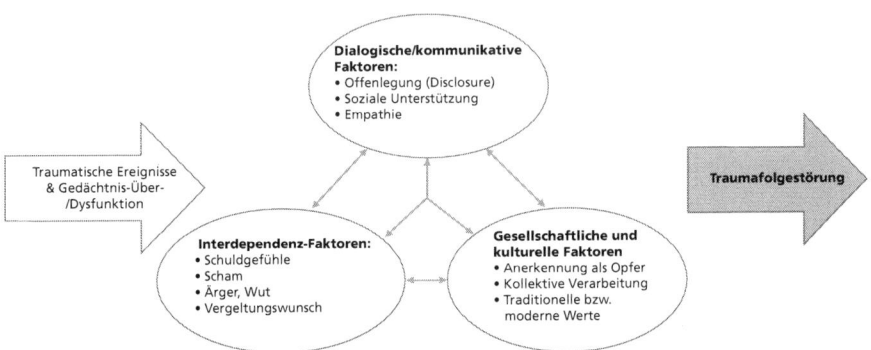

Abb. 5.2: Sozio-interpersonelles Modell der Traumafolgestörungen

Teil B Diagnostik

6 Allgemeine Aspekte und therapeutische Grundhaltung

Aufgrund der klinischen Symptomatik fällt es Personen mit einer PTBS schwer, über das Erlebte und die Folgen zu sprechen. Betroffene nach (interpersonellen) Gewalterfahrungen haben häufig zusätzlich zu dem eigentlichen Erlebnis auch einen massiven *Vertrauensverlust* erlitten. Hinzu kommen starke Gefühle von *Schuld* und *Scham* und die Schwierigkeit sich einzugestehen, dass man ohne professionelle Hilfe nicht weiterkommt. Die aus dem Erlebnis resultierenden dysfunktionalen Überzeugungen (»Ich kann niemanden mehr trauen«) können den Vertrauensaufbau behindern. Charakteristisch ist außerdem die gesteigerte Erregbarkeit mit erhöhter Wachsamkeit. All diese Faktoren verkomplizieren das diagnostische (Erst-)Gespräch sowie die daran anknüpfende Therapie.

Ein vertrauensvoller »traumasensibler« Rahmen und Vorgehen ist gerade bei von Trauma Betroffenen essentiell. Sie legt die Basis für die spätere Therapiearbeit. Wie bei allen anderen psychotherapeutischen Ansätzen auch, stellt die Beziehung zwischen Therapeut/Therapeutin und Patient/Patientin einen entscheidenden unspezifischen Wirkfaktor dar (Norcross und Wampold 2011). Bei der PTBS kommt dem Aufbau einer tragfähigen Beziehung somit besondere Bedeutung zu. Diagnostik und Traumatherapie erfordert großes Verständnis für die betroffene Person und die Folgen des Ereignisses. Gleichwohl ist es ratsam, die Diagnostik aus Angst vor einer möglichen Überforderung nicht hinauszuzögern. Dies steigert einerseits die Erwartungsangst und andererseits Vermeidungstendenzen als Teil des klinischen Störungsbilds. Das subjektive Sicherheitsgefühl des Patienten/der Patientin kann schon während der Diagnostik durch einfache Maßnahmen erhöht werden: So kann, je nach Bedürfnis und Gegebenheiten, z. B. die Tür zum Sitzungsraum leicht offengelassen werden. Betroffenen kann ein Stuhl mit dem Rücken zur Wand anstatt zur Tür angeboten werden.

Auch ein diagnostisches Gespräch stellt bereits eine emotionale Belastung für den Patienten/die Patientin dar. Dies gilt auch im Falle einer subklinischen Symptomatik. Die Aufklärung über das Vorgehen ist somit essentiell. Gleichzeitig sollten in der diagnostischen Sitzung Informationen über das Erlebte nur in einer Tiefe eingeholt werden, wie sie für die akkurate Diagnosestellung nötig sind. Aufgrund des schnellen »Überflutetwerdens« als Teil der PTBS-Symptomatik, ist ein empathisches und strukturiertes Lenken und Begrenzen besonders wichtig.

Die Diagnostik sollte von psychotherapeutisch und traumaspezifisch geschultem Fachpersonal durchgeführt wird. Internationale Expertengremien empfehlen ein semi-strukturiertes Vorgehen. Dieses lässt gleichzeitig Raum für individuelle Antworten und Nachfragen, ohne dass wichtige Informationen verpasst werden. Es wird auch von Patienten und Patientinnen gut angenommen (Hoyer et al. 2006). In jedem

Fall sollte eine (gegebenenfalls angepasste) Ereignisliste ein Bestandteil der Diagnostik sein. Dies verringert die Gefahr, Erlebnisse zu »übersehen«, weil diese spontan (z. B. aus Scham) nicht erwähnt werden.

Folgende Aspekte sollten beachtet werden (vgl. Knaevelsrud et al. 2019):

- Eine sichere Umgebung mit vertrauensvoller Beziehung schaffen.
- Aufklärung über das Vorgehen und Abgrenzung der Diagnostik von einer Therapie.
- Systematische und direkte Erfragung von traumatischen (Lebenszeit-)Ereignissen mit strukturierter Checkliste.
- Ein strukturiertes klinisch-diagnostisches Interview stellt den Goldstandard der PTBS-Diagnostik dar.
- Integration von spontan berichteten Beschwerden in die systematische Diagnostik.
- Erhebung des prätraumatischen Status, nicht nur Fokus auf gegenwärtige Probleme und Einschränkungen.
- Abgrenzung von anderen Störungsbildern und Erhebung von Komorbiditäten .
- Gegebenenfalls Einbezug fremdanamnestischer Informationen.
- Eine erste Entlastung kann durch eine ausführliche Psychoedukation erfolgen: Die PTBS-Symptomatik wird als normale Reaktion auf ein abnormales Ereignis erklärt.
- Besprechung des weiteren Vorgehens.

Merke

Eine PTBS wird gerne übersehen, wenn das traumatische Ereignis schon länger zurückliegt oder nicht »typisch« traumatisch ist (z. B. Entbindung mit Verletzung der Integrität, intensivmedizinische Eingriffe).

7 Spezifische Erhebungsinstrumente

Neben den allgemeinen diagnostischen Interviews zur Erfassung des gesamten Spektrums psychischer Störungen wie zum Beispiel das *Strukturierte Klinische Interview für DSM-5 Störungen – SKID-5* (Beesdo-Baum et al. 2018) gibt es eine Vielzahl spezifischer Verfahren für die PTBS-Diagnose, die auch in einer deutschen Übersetzung vorliegen und validiert sind. Die bekanntesten Verfahren werden hier vorgestellt.

Darüber hinaus gibt es verschiedene weitere Fragebögen, die für die Therapieplanung relevant sind und z. B. therapiehindernde und aufrechterhaltende Faktoren oder Ressourcen erfassen. So können zum Beispiel dysfunktionale Interpretationen des Traumas im Sinne des kognitiven Models mit dem *Fragebogen zu posttraumatischen Kognitionen* (engl. Posttraumatic Cognition Inventory, PTCI) erhoben werden. Die deutsche Übersetzung ist bei Ehlers (1999) zu finden. Einen guten allgemeinen Überblick über Fragebögen für die Therapie geben Schellong et al. (2019).

7.1 Life-Event Checklist for DSM-5 (LEC-5)

Die LEC-5 (dt. Lebensereignis-Checkliste für DSM-5) erfragt auf strukturierte Weise im Selbstbericht das Erleben von 17 potentiell traumatischen Ereignissen bezogen auf das gesamte Leben (Schellong 2019).

Aufbau

Für jedes Ereignis sollen die Betroffenen gemäß DSM-5 ankreuzen, ob sie (a) es erlebt haben, (b) bezeugt haben, (c) davon gehört haben, (d) ihm beruflich ausgesetzt waren, (e) sich unsicher sind oder (f) es in keiner Weise erlebt haben. Folgende Ereignisse werden erfragt:

1. Naturkatastrophe
2. Feuer oder Explosion
3. Verkehrsunfall
4. Sonstiger Unfall
5. Schadstoff-Exposition

6. Physischer gewalttätiger Angriff
7. Angriff mit einer Waffe
8. Sexueller Übergriff
9. Sonstige unangenehme und ungewollte sexuelle Erfahrungen
10. Kampfhandlungen/Aufenthalt im Kriegsgebiet
11. Gefangenschaft
12. Lebensbedrohliche Erkrankung/Verletzung
13. Schweres menschliches Leid
14. Plötzlicher gewalttätiger Tod
15. Plötzlicher Unfalltod
16. Schwere selber jemandem zugefügte Verletzung/Schaden/Tod
17. Sonstiges Ereignis

Beim letzten Ereignis handelt es sich um ein Freitext-Ereignis, bei dem Betroffene selber beschreiben können, was sie erlebt haben.

Dem LEC-5 schließt sich ein zweiter Teil an, in dem das subjektiv schlimmste Ereignis (= Indexereignis) definiert und relevante Details dazu abgefragt werden. Dies soll eine Einschätzung ermöglichen, ob ein traumatisches Ereignis im Sinne der Definition vorliegt und ob das Ereignis wiederholt aufgetreten ist. Eine Evaluation der LEC ergab eine gute zeitliche Stabilität und hohe Übereinstimmung mit anderen Trauma-Ereignislisten (Gray et al. 2004).

Ressourcen

Das englische Original ist zusammen mit der PCL-5 (siehe unten) beim US-amerikanischen National Center for PTSD zu beziehen: https://www.ptsd.va.gov/professional/assessment/documents/PCL-5_LEC_criterionA.pdf, Zugriff am 25.02.2020.
Die deutsche Version kann beim Zentrum für Psychotraumatologie Hamburg heruntergeladen werden: http://zep-hh.de/service/diagnostik, Zugriff am 26.02.2020.

7.2 Die »Clinician-Administered PTSD Scale for DSM-5« (CAPS-5)

Das CAPS-5 ist das umfangreichste aller Erhebungsinstrumente und stellt den Goldstandard für die PTBS-Diagnostik dar. Es liegt gegenwärtig in einer für DSM-5 adaptierten Variante vor. In drei unterschiedlichen Versionen erfasst es Symptome des letzten Monats, über das gesamte Leben oder innerhalb der letzten Woche. Mit einer Dauer zwischen 45–60 Minuten handelt es sich um ein aufwändiges, jedoch auch sehr genaues Verfahren.

Es handelt sich um ein extensiv untersuchtes und validiertes Instrument, dessen Gütekriterien und klinischer Nutzen in diversen Studien (Weathers et al. 2018; Weathers et al. 2001) gezeigt wurde.

Aufbau

Nach dem Einsetzen einer strukturierten Ereignisliste (z. B. LEC-5) und der Identifikation eines traumatischen Index-Ereignisses (Kriterium A) werden die 20 Symptome der PTBS nach DSM-5 erfragt (Cluster B-E). Es wird zu jedem Symptom eine wörtlich vorformulierte Eingangsfrage gestellt, die bei Unklarheit um Detailfragen erweitert wird. Darüber hinaus können weitere eigene Fragen formuliert werden. Der Interviewer oder die Interviewerin bewertet jede Antwort hinsichtlich Intensität und Häufigkeit der Symptome. Die beiden Dimensionen werden pro Item zu einem Gesamtrating auf einer fünfstufigen Likertskala (0 »nicht vorhanden« bis 4 »extrem/stark beeinträchtigend«) kombiniert, wobei es für jedes Item spezifische Instruktionen gibt, wie die Gewichtung vorzunehmen ist. Ein Symptom wird bei einem Wert ≥ 2 als klinisch bedeutsam gewertet. Im Anschluss an die 20 Symptomfragen wird der Beginn und die Dauer der Symptome erfragt und der Grad der Beeinträchtigung erhoben. Außerdem erfolgen globales Validitätsrating sowie die mögliche Spezifikation »Dissoziativer Subtyp« ist möglich. Ein Auswertungsbogen erleichtert die Diagnosestellung.

Das initial sehr komplex wirkende CAPS-5 erfordert ein Training vor der ersten Anwendung und Erfahrung im Umgang mit strukturierten Interviews.

Ressourcen

Für englischsprachige Fachkräfte bietet das U.S. Department of Veterans Affairs ein kostenloses online-Trainingsprogramm anhand von Videosequenzen an. Ein per E-Mail anforderbarer Code ermöglicht den Zugang: https://www.ptsd.va.gov/professional/continuing_ed/caps5_clinician_training.asp, Zugriff am 25.02.2020.

Das deutsche CAPS-5 ist auf Nachfrage direkt bei dem Autor und der Autorin der Übersetzung erhältlich: http://www.kli.psy.ruhr-uni-bochum.de/klipsy/projekte/CAPS5.html, Zugriff am 25.02.2020.

7.3 Posttraumatic Stress Disorder Checklist (PCL-5)

Bei der PCL-5 handelt es sich um ein kurzes und sehr verbreitetes Selbstbeurteilungsverfahren nach DSM-5 (Weathers et al. 2013).

Aufbau

Betroffene bewerten das Vorhandensein der 20 Symptome im letzten Monat auf einer fünfstufigen Likertskala von 0 (»überhaupt nicht«) bis 4 (»sehr stark«). Damit sollte zusätzlich zur PCL-5 vorab eine Ereignisliste wie die LEC-5 eingesetzt werden, mit der das/die traumatische(n) Ereignis(se) identifiziert werden kann/können.

Über alle Items aufsummiert können die Werte zwischen 0–80 liegen. Es wird ein Cut-off Wert von 33 empfohlen. Zusätzlich kann eine provisorische PTBS-Diagnose gestellt werden. Dabei wird das klinisch signifikante Vorhandensein jedes Clusters gemäß DSM-5 Algorithmus anhand einer minimalen Anzahl von Symptomen bestimmt, die klinisch bedeutsam vorhanden sein müssen (▶ Tab. 7.1). Als klinisch bedeutsam wird ein Wert ≥ 2 interpretiert.

Tab. 7.1: Verdachtsdiagnose mit der PCL-5

PTSD	Items	Minimale Anzahl erfüllter Items
Cluster B	1–5	1
Cluster C	6–7	1
Cluster D	8–14	2
Cluster E	15–20	2

Zahlreiche Studien verdeutlichen die Validität und Reliabilität der PCL-5 im Vergleich zum CAPS-5 (Blevins et al. 2015; Bovin et al. 2016), auch für die deutsche Version (Krüger-Gottschalk et al. 2017).

Ressource

Die deutsche Übersetzung von Ehring et al. (2014) ist zusammen mit der LEC-5 (Teil I) online über das Zentrum für Psychotraumatologie Hamburg zu beziehen: http://zep-hh.de/service/diagnostik/, Zugriff am 25.02.2020. Dabei bildet Teil III die eigentliche PCL-5 ab, während Teil II den traumatischen Charakter des Indexereignisses erfragt.

7.4 Spezifisch ICD-11: International Trauma Questionnaire (ITQ)

Der ITQ ist ein kurzes Screening-Verfahren im Selbstbericht, entwickelt und geeignet für ICD-11.

Aufbau

In der finalen Version besteht der Fragebogen aus insgesamt zwölf Items für die Kernsymptome der PTBS oder KPTBS nach ICD-11. Zusätzlich erfragen je drei Items die Beeinträchtigung in wichtigen Funktionsbereichen des täglichen Lebens. Auf einer fünfstufigen Likert-Antwortskala (0 »überhaupt nicht« – 4 »extrem«) geben Betroffene an, wie sehr das jeweilige Symptom in Bezug auf das subjektiv schlimmste Ereignis im letzten Monat aufgetreten ist. Ab einem Wert von ≥ 2 (»moderat«) wird ein Item als klinisch bedeutsam gewertet. Für die Diagnosestellung nach ICD-11 muss aus jeder Symptomgruppe mindestens eines der beiden Items erfüllt sein. Die genaue Verteilung ist aus Tabelle 7.2 ersichtlich (▶ Tab. 7.2).

Tab. 7.2: Der Aufbau des ITQ

PTSD	Anzahl Items
Wiedererleben	2
Vermeidung	2
Gegenwärtige Bedrohung	2
Beeinträchtigung durch die Symptomatik	3
KPTBS	Anzahl Items
Probleme in der Affektregulation	2
Negatives Selbstkonzept	2
Schwierigkeiten in Beziehungen	2
Beeinträchtigung durch die Symptomatik	3

Die Güte des englischen ITQ wurde geprüft (Cloitre et al. 2018). Weitere vielversprechende Befunde zur (Konstrukt)validität liegen vor (Hyland et al. 2017b; Karatzias et al. 2016; Shevlin et al. 2018). Der deutschsprachige ITQ befindet sich momentan in der Validierungsphase. Eine erste Untersuchung berichtet zufriedenstellende internale Konsistenzen (Maercker et al. 2018). Eine Interviewversion ähnlich dem CAPS-5 ist in Entwicklung.

Ressource

Der ITQ auf folgender Homepage ist in verschiedenen Sprachen frei erhältlich und direkt downloadbar: https://www.traumameasuresglobal.com/, Zugriff am 26.02.2020.

7.5 Klassifikationsunabhängige Verfahren

Darüber hinaus gibt es eine Vielzahl von Fragebögen, die sich nicht an ein spezifisches Klassifikationssystem anlehnen und somit eher für die Bestimmung des Schweregrads der Symptomatik gedacht sind. Weitere traumaspezifische Verfahren finden sich bei Maercker und Bromberger (2005).

Aufgrund ihrer häufigen Anwendung ist an dieser Stelle die *Impact of Event Scale – revidierte Version* (IES-R) zu nennen. Mit 22 Items schätzen Betroffene das Vorhandensein von Symptomen in der vergangenen Woche auf drei Subskalen (Intrusion mit sieben Items, Vermeidung mit acht Items, Übererregung mit sieben Items) ein. Die Bewertung erfolgt auf vier Stufen von 0 (»überhaupt nicht«), zu 1 (»selten«), 3 (»manchmal«) oder 5 (»oft«). Die deutsche Version wurde von Maercker und Schützwohl (1998) übersetzt. Das Verfahren verfügt über zufriedenstellende Gütekriterien (Rosner und Hagl 2008). Eine aktuelle Untersuchung zeigt, dass die IES-R in der deutschen Fassung über eine hohe prädiktive Validität für die neue ICD-11 verfügt (Hyland et al. 2017a).

Ressource

Die deutschsprachige IES-R kann online bezogen werden inklusive Auswertungshinweisen: https://www.psychologie.uzh.ch/de/bereiche/hea/psypath/ForschungTools/Fragebogen.html, Zugriff am 25.02.2020.

8 Differenzialdiagnose

Die PTBS kann schnell mit anderen Störungsbildern verwechselt werden. Gleichzeitig können diese auch komorbid zur PTBS auftreten.

8.1 Akute Belastungsreaktion

Bei der akuten Belastungsreaktion handelt es sich um eine intensive und normale Reaktion auf einen schweren Stressor wie ein traumatisches Ereignis. Die Reaktion ist vorübergehend und löst sich innerhalb weniger Tage (ICD-11) bzw. eines Monats (DSM-5) von selbst auf. Es sind gegebenenfalls Interventionen aus der Notfallpsychologie anzuwenden, um der Entstehung einer PTBS vorzubeugen. Diese sind jedoch konzeptuell von einer traumafokussierten Therapie abzugrenzen.

8.2 Abgrenzung zu anderen stress-assoziierten Erkrankungen

Die ICD-11 listet im Kapitel »Spezifisch mit Stress assoziierte Störungen« weitere differenzialdiagnostisch abzugrenzende Störungsbilder auf, die alle nach dem Erleben eines Stressors auftreten, sich aber durch die Art und Qualität unterscheiden.

Anpassungsstörung

Die Anpassungsstörung wird charakterisiert durch eine missglückte Anpassung an einen subjektiv empfundenen Stressor. Dieser Stressor führ zu großen Veränderungen im Leben der Betroffenen durch eine Änderung des sozialen Netzwerks, soziale Unterstützung oder Wertvorstellungen nach einer großen Veränderung (z. B. Trennung, Jobverlust, Berentung), hat damit allerdings nicht die Qualität und Intensität eines traumatischen Ereignisses. Charakteristisch ist ein gedankliches »Verhaftetsein« auf den Stressor oder seinen Folgen (sog. Präokkupation), die sich durch wiederholtes und exzessives Grübeln, Sorgen oder stetige Rumination ausdrücken. Es findet keine Anpassungsleistung an die neue Lebenssituation statt und dies führt zu Einschränkungen in verschiedenen wichtigen Lebensbereichen (z. B. im sozialen, familiären oder beruflichen). Meistens remittieren die Symptome im Zeitraum von sechs Monaten nach Ende des Stressors vollständig.

Anhaltende Trauerstörung

Eine anhaltende Trauerstörung kann nach dem Verlust einer nahestehenden Person vorliegen, wenn die Trauerreaktion übermäßig lange und intensiv anhält und deutlich über jeweilige kulturelle oder religiöse Normen hinausgeht. Charakteristisch sind eine anhaltende große Sehnsucht oder Präokkupation nach der verstorbenen Person bei gleichzeitig starken emotionalen Schmerzen (z. B. große Traurigkeit, Verleugnung des Tods, Ärger). Dies muss zu deutlichen Einschränkungen in wichtigen Lebensbereichen führen.

8.3   Abgrenzung zu anderen Störungsbildern

KPTBS und Borderline Persönlichkeitsstörung

Sowohl die KPTBS als auch die Borderline Persönlichkeitsstörung (BPS) können sich als Folge von anhaltenden sexuellen Missbrauchserfahrungen in der Kindheit entwickeln. Zusätzlich tritt die BPS häufig komorbid mit der PTBS auf (De Jong et al. 2005). Eine genaue Differenzierung ist also wichtig: Bei der KPTBS nach ICD-11 müssen die Kernsymptome der PTBS (Wiedererleben, Vermeidung, Wahrnehmung einer gegenwärtigen Bedrohung) erfüllt sein. Bei einer BPS spielen diese Symptome klassifikatorisch keine Rolle, auch muss nicht zwingend ein traumatisches Ereignis vorliegen. Die BPS zeichnet sich dagegen durch starke Angst vor dem Verlassenwerden, damit einhergehende emotionale Instabilität und starke Schwankung in Beziehungen zwischen Idealisierung zu totaler Abwertung, ein unstetes und stark schwankendes Selbstkonzept und große Schwierigkeiten, vor allem negative Affekte zu kontrollieren, aus (Brewin et al. 2017; Cloitre 2014b). Letzteres mündet in selbstverletzendem und suizidalem Verhalten, das bei KPTBS seltener zu beobachten ist (Zlotnick et al. 2002).

Bei der KPTBS ist die Angst vor dem Verlassenwerden kein diagnostisches Kriterium. Weiterhin ist das Selbstkonzept nicht durch Schwankungen, sondern durch eine anhaltend negative Überzeugung geprägt. Auch die Schwierigkeiten in Beziehungen münden eher in der konstanten Vermeidung und nicht im schwankenden Wechsel zwischen Glorifizierung und totaler Ablehnung (Brewin et al. 2017).

Depressive Störungen und Angststörungen

Während eine Depression auch nach einem traumatischen Ereignis auftreten kann, ist dies keine notwendige Voraussetzung. Angststörungen beziehen sich auf Angst vor und der Vermeidung von sehr spezifischen Situationen, Tieren oder Objekten, aber nicht auf ein traumatisches Ereignis. Eine Abgrenzung lässt sich durch die fehlenden Kernsymptome der PTBS vornehmen.

Psychotische Störungen

Die bei der PTBS/KPTBS typischen Wiedererlebenssymptome (z. B. sich aufdrängende Gedanken oder Gefühle, visuelle oder akustische Wahrnehmungen, sensorische Empfindungen) lassen sich mit psychotischen Symptomen (z. B. Illusionen, Halluzinationen oder andere Wahrnehmungsstörungen) verwechseln. Auch die PTBS-typische Übererregung kann dem Erregungszustand während einer Psychose ähnlich sein.

Dissoziative Störungen

Wie bereits beschrieben, können dissoziative Symptome Teil der PTBS-Symptomatik sein. Darüber hinaus sind sie jedoch auch differenzialdiagnostisch im Zusammenhang mit anderen Störungsbildern abzugrenzen. Dissoziative Symptome können durch strukturierte Interviews erhoben werden oder mittels Selbstbeurteilungs-Fragebogen.

> **Merke**
>
> Analog zur Beobachtung, dass ein traumatisches Ereignis nicht zwangsläufig zu einer PTBS führen muss, leiden nicht alle Betroffenen kindlicher Missbrauchs- und Misshandlungserfahrungen an einer komplexen PTBS. Frühe interpersonelle Gewalterfahrungen sind ein unspezifischer Risikofaktor für viele (psychische) Beschwerden. Differenzialdiagnostisch muss sauber abgegrenzt werden. Gleichwohl wird eine PTBS häufig übersehen, wenn aus Scham eher andere Symptome (aus Scham oder Vermeidung) spontan berichtet werden wie (z. B. Schmerzen, Angst). Erschwerend kommen häufig komorbid auftretende Störungen hinzu. Diagnostisch ist abzugrenzen, ob es sich hierbei um sekundär entwickelte und primär auftretende Störungsbilder handelt.

Teil C Behandlung

unter Mitarbeit von Milena Kaufmann

9 Die evidenzbasierte Behandlung der PTBS

Nationale und internationale Leitlinien sowie Expertengremien stimmen überein, dass eine traumafokussierte Psychotherapie die Methode der Wahl zur Behandlung der PTBS darstellt (American Psychological Association 2017; National Collaborating Centre for Mental Health 2005; Schäfer et al. 2019). Ein wichtiger Wirkfaktor in der traumafokussierten Therapie ist die Bearbeitung und Aktualisierung des Traumagedächtnisses im Sinne einer Gewöhnung durch Nacherzählung sowie die Integration und Neubewertung des traumatischen Erlebnisses und seiner Folgen. Dieser Ansatz wird abgegrenzt von nicht-traumafokussierten Verfahren, die eine reine Stabilisierung sowie ein Training der Emotionsregulation zum Ziel haben (Ehring 2019). Empirisch besonders gut untersuchte Verfahren sind im Bereich der traumafokussierten kognitiven Verhaltenstherapien anzusiedeln, dazu gehören *Prolonged Exposure, Kognitive Therapie, Narrative Expositionstherapie, Kognitive Verarbeitungstherapie* und Kombinationen zwischen Exposition und kognitiven Interventionen. Darüber hinaus liegen auch gute Wirksamkeitsnachweise für das *Eye Movement Desensitization and Reprocessing* (EMDR) vor (Schäfer et al. 2019). Dabei bestätigen verschiedene Meta-Analysen und systematische Übersichtsarbeiten die Wirksamkeit (z. B. Bisson et al. 2013; Cusack et al. 2016; Gerger et al. 2014; Watts et al. 2013). Trotz verbreiteter Anwendung finden sich im Gegensatz sehr wenige randomisiert-kontrollierte Studien, die die Wirksamkeit psychodynamischer Ansätze überprüfen. Ihre Wirksamkeit kann damit nicht als gesichert angesehen werden (Schäfer et al. 2019).

In den folgenden Kapiteln werden gemeinsame Elemente aller evidenzbasierter Verfahren skizziert. Im Anschluss erfolgt eine genauere Vorstellung der in der Leitlinie explizit erwähnten Interventionen.

9.1 Elemente evidenzbasierter traumafokussierter Verfahren

Es gibt eine Vielzahl verschiedener evidenzbasierter traumafokussierter Verfahren. Sie alle teilen einige Gemeinsamkeiten, die innerhalb der Therapie eine mehr oder weniger wichtige Rolle spielen und entsprechend berücksichtigt werden. Zu diesen Gemeinsamkeiten gehören nach Schnyder et al. (2015): (1) *Psychoedukation*, (2) *Emotionsregulation/Coping Skills*, (3) *Exposition in sensu*, (4) *Kognitive Verarbeitung*,

Umstrukturierung und Zuschreibung von Bedeutungsänderung, (5) *Umgang mit spezifischen Trauma-Emotionen* (Angst, Schuld, Scham, Ärger, Trauer), (6) *Reorganisation der Gedächtnisstruktur*. Es kann davon ausgegangen werden, dass es sich bei diesen Facetten um weitere wichtige Wirkfaktoren traumafokussierter Psychotherapie handelt. Aus diesem Grund wird auf die Aspekte im Folgenden genauer eingegangen.

Psychoedukation

Vor jeder traumafokussierten Behandlung steht eine ausführliche Psychoedukation. Hier lernt die betroffene Person, dass die Symptomatik eine normale Reaktion auf ein unnormales Ereignis ist. Häufig wirkt dies bereits entlastend. Weiterhin wird ein Störungsmodell der PTBS vermittelt und somit geschieht eine erste Vorbereitung auf den Trauma-Verarbeitungsteil der Therapie. Eine gute Psychoedukation ist auch zum Aufbau und der Aufrechterhaltung der Therapiemotivation essentiell und sollte daher auch während der Therapiesitzungen immer wieder eingeschoben werden. Denn von der PTBS Betroffene fürchten die erneute Konfrontation mit dem traumatischen Ereignis oder daran erinnernden Stimuli als inhärenter Teil der Symptomatik.

Zur Vermittlung eines Störungsmodells der PTBS sind drei Aspekte relevant (Maercker 2019): Entstehung, Aufrechterhaltung und Veränderung.

- Entstehung: Wieso ist die PTBS entstanden?
- Aufrechterhaltung: Wieso bleiben die Symptome bestehen und verbessern sich nicht von alleine?
- Veränderung: Wieso wirkt die traumafokussierte Therapie?

Experten/Expertinnen empfehlen die Verwendung von Symbolen und Metaphern, um Patienten und Patientinnen das Störungsmodell verständlich machen (z. B. Ehring 2019; Maercker 2019). Ein Beispiel ist die Schrankmetapher, in der intrusive Erinnerungen mit einem unaufgeräumten Kleiderschrank verglichen werden. Aus diesem »quellen«, ähnlich wie bei nicht sortierten Kleidungsstücken, die Erinnerungen immer wieder unkontrollierbar hervor. Im Rahmen einer Therapie werden die »Kleider« (= Erinnerungen) neu sortiert und eingeordnet.

Hilfreich können weiterhin Ratgeber für Patienten und Patientinnen und Angehörige sein, mit denen sie sich im Selbststudium weiter mit der Thematik beschäftigen können:

Ressourcen

Verwendung von Metaphern:
Priebe K, Dyer A (2014) Metaphern, Geschichten und Symbole in der Traumatherapie. Göttingen: Hogrefe.

Ratgeber für Betroffene und Angehörige:
Ehring T, Ehlers A (2018) Ratgeber Trauma und Posttraumatische Belastungsstörung. Göttingen: Hogrefe.

Herbert C, Wetmore A (2005) Wenn Albträume wahr werden: Traumatische Ereignisse verarbeiten und überwinden. Bern: Huber.

Training der Emotionsregulation/Bewältigungsstrategien

Der Umgang mit belastenden Emotionen und dysfunktionalen Bewältigungsstrategien, die zur Aufrechterhaltung der Symptomatik beitragen, ist Bestandteil der meisten Therapieverfahren. Hauptsächlich werden sie im Rahmen von Psychoedukation und beim Aufbau der Therapiemotivation besprochen. Ein explizites Skills-Training von Affekten ist bei der »klassischen« PTBS meist nicht gesondert nötig (Ehring 2019), kann jedoch bei der KPTBS indiziert sein (▶ Kap. 2.2).

Exposition in sensu

Die Konfrontation mit dem traumatischen Ereignis stellt ein Kernstück der meisten traumafokussierten Verfahren dar. Je nach Verfahren soll damit einerseits eine Habituation der Angst bei Erinnerung an das Erlebte erreicht werden. Weiteres Ziel ist die kohärente Abspeicherung des Ereignisses im Gedächtnis. Gleichzeitig ändern sich die Bewertungen des Erlebten. Je nach Therapieverfahren unterscheiden sich die Expositionssitzungen in Umfang und Art der Durchführung. Vor Beginn sollten die Therapiemotivation geklärt sein und geeignete Rahmenbedingungen (sicherer Rahmen, Zeit und Lebensumstände) vorliegen (Maercker 2019). Exposition in sensu erfordert eine sehr gute Vorbereitung, ausführliche Psychoedukation sowie ein sehr gutes Verständnis des Therapierationals auf Seite der Patienten/Patientinnen.

Kognitive Verarbeitung und Umstrukturierung

Wie bereits beschrieben, sind katastrophisierende Gedanken bzw. Überzeugungen ein wichtiger Faktor in der Aufrechterhaltung der Symptomatik. In einigen Verfahren geschieht die Veränderung der Bewertungen spontan während der Exposition bzw. durch Nachbesprechungen (z. B. Narrative Expositionstherapie, prolongierte Exposition). In anderen Verfahren werden dysfunktionale Bewertungen explizit als Hauptbestandteil der Therapie aufgegriffen und mittels kognitiver Techniken exploriert bzw. modifiziert (z. B. kognitive Therapie).

Emotionen

Der Umgang mit typischen Gefühlen wie Angst, Ekel, Scham, Schuld, Ärger oder Trauer spielen ebenfalls implizit bei fast allen Verfahren eine Rolle und werden während der Exposition berücksichtigt. Bei z. B. der kognitiven Therapie werden sie im Rahmen der Umstrukturierung explizit bearbeitet.

Reorganisation der Gedächtnisstruktur

Mithilfe von Exposition bzw. der darauf aufbauenden kognitiven Verarbeitung erfolgt bei allen traumafokussierten Verfahren eine Veränderung und Aktualisierung der traumaspezifischen Gedächtnisstruktur.

10 Spezifische evidenzbasierte Verfahren

Im Folgenden werden fünf häufig angewandte und empirisch gut untersuchte Verfahren genauer beschrieben: Die *Prolongierte Expositionstherapie (PE)*, die *kognitive Therapie* nach Ehlers und Clark, die *Narrative Expositionstherapie (NET)*, *die Kognitive Verarbeitungstherapie (CPT)* sowie das *Eye Movement Desensitization and Reprocessing (EMDR)*.

> **Dazu ein Fallbeispiel (leicht abgewandelt aus Foa und Rothbaum 1998, S. 5)**
>
> Als sich Frau F. (heute 21 Jahre alt) mit 18 Jahren neben der Schule ein Taschengeld dazuverdienen wollte, passte sie in den Sommerferien als Babysitterin auf die beiden kleinen Kinder der Nachbarsfamilie auf. Die Familien kannten sich schon lange und so nahm Frau F. das Angebot an, zur Entlastung der Familie zusammen eine Woche im Ferienhaus an der Nordsee zu verbringen. Einen freien Abend nutzte sie, um alleine an den Strand zu gehen, um Ruhe und Zeit zum Nachdenken zu finden. Am Strand wurde sie von einem fremden Mann mit einem Messer bedroht und anschließend vergewaltigt.
> Seit diesem Vorfall ist bei Frau F. alles anders. Sie leidet an Albträumen. Bestimmte Gerüche erwecken bei Frau F. Ekelgefühle und erinnern sie an damals. Frau F. ist schreckhaft und ängstlich geworden. Im Dunkeln kann sie nicht mehr alleine aus dem Haus gehen. Sie mag nicht mehr auf Partys gehen und bevorzugt einen weiten sackartigen Kleidungsstil. Zu vielen Freundinnen hat sie keinen Kontakt mehr, die emotionale Distanz ist zu groß geworden. Sie fühlt sich wie abgeschnitten von ihren Freundinnen. Frau F. arbeitet mittlerweile als Versicherungskauffrau. Das geplante Medizinstudium hat sie aufgegeben, nachdem sie gerade so ihr Abitur geschafft hat. Konzentrationsschwierigkeiten und Schlafmangel sind ihre ständigen Begleiter geworden. Erzählt hat sie von diesem Vorfall niemandem. Als die Einschränkungen im Alltag immer gravierender und unübersehbarer werden, spricht ihre Chefin sie auf diese Auffälligkeiten an. Auch wenn Frau F. ihr nichts erzählen mag, so beschließt sie doch, sich professionelle Hilfe zu suchen …

Die folgenden Verfahren zur Behandlung der PTBS werden anhand des eben skizzierten Fallbeispiels genauer erläutert. Ziel ist es, einen allgemeinen Überblick zu geben, so dass die Vor- und Nachteile der jeweiligen Interventionen individuell reflektiert werden können. Vor der praktischen Umsetzung sollte das jeweilige Behandlungsmanual gelesen und entsprechende Fortbildungen besucht werden. Es sei an dieser Stelle noch einmal erwähnt, dass traumafokussierte Psychotherapien auf einer ausführlichen Diagnostik und Indikationsstellung, sowie einer detaillierten Psychoedukation und Vorbereitung fußen (siehe vorherige Kapitel). Dies wird im Folgenden nicht mehr im Detail ausgeführt.

10.1 Prolongierte Expositionstherapie (PE)

Die Prolongierte Expositionstherapie (engl. *Prolonged Exposure*) ist eine der empirisch am besten untersuchtesten Therapieformen zur Behandlung der PTBS.

Hintergrund

Die theoretische Basis der PE bilden Modelle zur Emotionsverarbeitung und lerntheoretische Überlegungen (▶ Kap. 5.2): Die pathologische Furchtstruktur, in der traumaassoziierte ungefährliche Stimuli (z. B. der Ort des Geschehens) mit bestimmten Reaktionen (z. B. Angst) und Bedeutungen verknüpft werden, wird durch korrigierende Informationen »aufgebrochen«. Dies geschieht durch wiederholte und ausführliche Expositionssitzungen, die zur Habituation der Angstreaktion führen und damit eine Verarbeitung des traumatischen Ereignisses ermöglichen. Durch die Konfrontation wird eine Furchtreaktion induziert damit die Verbindung zwischen Stimulus und der emotionalen Reaktion gelöst. Betroffene erfahren so, dass angstbesetzte Situationen und Stimuli nicht die erwartete Konsequenz (z. B. eine Verletzung) zur Folge haben (Foa und Rothbaum 1998).

Aufbau

PE besteht damit aus zwei Hauptkomponenten: 1. *Imaginative Exposition (in sensu)* und darauf aufbauend 2. *Exposition in vivo*, in der angstbesetzte und traumabezogene ungefährliche Situationen gezielt aufgesucht werden. Es werden 8–15 wöchentlich stattfindende Sitzungen von jeweils 60–120-minütiger Dauer empfohlen (Foa et al. 2014; McLean et al. 2015):

1. Imaginative Exposition (in sensu)
   In der imaginativen Exposition (Dauer ca. 45–60 Minuten) erzählt der Patient/die Patientin in chronologischer Reihenfolge von dem traumatischen Ereignis. Betroffene werden angewiesen, die Augen zu schließen und in der ersten Person Singular im Präsens zu berichten. Angeleitet werden sie von dem Therapeuten/der Therapeutin (z. B. mit Fragen wie »Was ist dann passiert?«, »Was empfinden Sie gerade? Wo in Ihrem Körper?«, »Woran denken Sie?«). Dabei wird der Patient/die Patientin validiert und empathisch unterstützt. Aufbauend auf den imaginativen Expositionssitzungen werden anschließend ca. 15–20 Minuten die Erfahrungen

während der Sitzung verarbeitet und gemeinsam erörtert, welche Veränderungen in der Wahrnehmung bzw. Bewertung eingetreten sind.

Die imaginative Exposition eines Ereignisses wird mehrere Male wiederholt, bis eine Habituation eingetreten ist. Nach einigen Sitzungen kann sich die imaginative Exposition auf die sog. »Hotspots« konzentrieren, also die Elemente des Ereignisses, die besonders angstbesetzt sind. Alle Expositionssitzungen werden auf Ton aufgenommen. Der Patient/Die Patientin wird instruiert, diese Aufnahmen als Hausaufgabe anzuhören, um eine weitere Habituation zu ermöglichen. Während der Exposition fragt der Therapeut/die Therapeutin in regelmäßigen Abständen nach der subjektiv wahrgenommenen Intensität der Belastung (engl. *subjective unit of distress*, SUD) basierend auf einer vorher besprochenen Skala (z. B. 0 (keine Belastung) bis 100 (stärkste Belastung)). Exposition in sensu löst verschiedene Prozesse aus: Neben der Re-Organisation der Gedächtnisstruktur wird ein Perspektivwechsel in der Wahrnehmung der eigenen Schuld oder Verantwortung erarbeitet (z. B. ein Wechsel von »Ich war unfähig, meinen Enkel zu retten« zu »Ich habe alles getan, was ich konnte«). Lerntheoretisch hilft die wiederholte Exposition, zwischen der traumatischen Erinnerung und dem Gefühl, sich erneut in der Situation zu befinden, zu unterscheiden. Schließlich erfahren Betroffene, dass die emotionale Belastung, die mit dem Wiedererleben einhergeht, nicht zur absoluten Kontrolllosigkeit und einem Gefühl der eigenen Ohnmacht (»Alles fällt auseinander, ich werde verrückt«) führt (McLean et al. 2015).

2. Exposition in vivo

Der zweite Bestandteil der PE ist die graduierte Exposition in vivo. Diese wird meist als Hausaufgabe durchgeführt und folgt einer ähnlichen Logik wie die Exposition in sensu. Hierbei sucht die betroffene Person gezielt Situationen auf, die Angst auslösen, an sich aber ungefährlich sind. Vorab identifizieren Therapeut/in und Patient/in gemeinsam angstauslösende und vermiedene Stimuli und Situationen, Orte oder Menschen. Sie erstellen dabei eine Hierarchie mit steigender subjektiver Belastung anhand der SUD-Ratings. Als Hausaufgabe wird der Patient/die Patientin ermutigt, sich zwischen den Sitzungen aktiv mit den angstauslösenden Stimuli zu konfrontieren. Durch die vorab stattgefundene Aufstellung der Hierarchie kann dies graduiert erfolgen, so dass die Copingstrategien der Betroffenen ausreichen und jede Konfrontation mit einem Erfolgserlebnis enden kann.

Übertragen auf das Fallbeispiel könnte die Ausarbeitung der Vermeidungs-Hierarchie folgendermaßen aussehen (Foa und Rothbaum 1998, S. 154).

In der zweiten Therapiesitzung konstruieren Frau F. und ihr Therapeut gemeinsam eine in-vivo-Hierarchie von traumabezogenen Situationen, die Frau F. aktuell vermeidet. Diese Situationen werden in eine Rangfolge gebracht, abhängig davon, wie belastend sie für Frau F. sind. Die Intensität der erwarteten Belastung wird anhand der SUD-Skala bewertet. Als Ankerpunkte gibt Frau F. folgende Situationen an: 0 = Zuhause sein mit einer nahestehenden Person, 50 = Als ich mich am Strand umdrehte und den Mann gesehen habe, 100 = Als es mir klar wurde, dass er mich vergewaltigen würde. Daraus ergibt sich folgende Tabelle (▶ Tab. 10.1), die als Grundlage für die Expositionen in vivo genutzt werden kann.

Tab. 10.1: SUD-Ratings von Frau F. für verschiedene Situationen in Sitzung 2. In Sitzung 9 bzw. der Abschlusssitzung wird erneut bewertet, wie angstauslösend die Situationen nach Durchführung der Konfrontation noch sind.

Situation	SUD-Wert (Sitzung 2)	SUD-Wert (Sitzung 9)	SUD-Wert (letzte Sitzung)
Einen Bericht über sexuelle Gewalt in den Medien sehen.	40		
Die Nachbarsfamilie besuchen.	45		
Einen Brief an meine Nachbarin schreiben und ihr von dem Übergriff erzählen.	60		
Enganliegende kurze Kleidung tragen.	75		
Mit jemandem zusammen tagsüber einen Spaziergang am Strand machen.	85		
Alleine tagsüber am Strand einen Spaziergang machen.	90		
Mit jemandem zusammen einen Spaziergang im Dunkeln in der Stadt machen.	95		
Mit jemandem zusammen im Dunklen einen Spaziergang am Strand machen.	100		

Im Folgenden erfolgt der mögliche Ablauf einer Exposition in sensu anhand des Fallbeispiels (angelehnt an das Fallbeispiel der APA: https://www.apa.org/ptsd-guideline/resources/prolonged-exposure-example, Zugriff am 25.02.2020).

> Therapeut: Ich würde Sie bitten, sich daran zu erinnern, was während dieser Nacht am Strand geschah. Versuchen Sie, so darüber zu reden, als würde es gerade jetzt passieren. Achten Sie darauf, in der ersten Person von sich selbst zu sprechen und nicht so, als würden Sie über sich sprechen. Möglicherweise werden Sie gleich starke Gefühle der Angst empfinden. Behalten Sie hier im Kopf: Das ist nur eine Erinnerung und die Erinnerung selber ist nicht gefährlich. Hier sind Sie absolut sicher. Wie bereits besprochen, werde ich Sie während der Sitzung mittels der SUD-Skala immer wieder nach dem Ausmaß ihrer Belastung fragen. Sie können mir hier kurz eine Antwort geben und dann direkt wieder zurück in die Erinnerung gehen. Wenn Sie sehr große Angst haben, dann dürfen Sie auch gerne die Augen öffnen, aber bleiben Sie dabei in der Erinnerung. Ich möchte Sie gerne ermutigen, es zuerst mit geschlossenen Augen zu probieren. Während der Konfrontation werde ich selber kaum sprechen, ich werde ihnen nur einzelne Fragen zur Unterstützung stellen. Im Anschluss besprechen wir dann alles im Detail. Sind Sie bereit?
> Frau F.: Ja.
> Therapeut: Wie hoch ist Ihre Belastung momentan?

Frau F.: 80.
Therapeut: Gut. Erinnern Sie sich an den Abend am Strand. Was passierte, bevor Sie das Haus verließen?
Frau F.: Wir haben alle gemeinsam zu Abend gegessen nach einem Tag am Strand. Wir haben gegrillt und es war immer noch sehr warm. Es war ein toller Tag gewesen und alle gut drauf. Im Anschluss las ich den Kindern noch etwas vor beim Zubettbringen. Dann duschte ich und wollte noch ein wenig am Strand spazieren gehen. Es war auch ein anstrengender Tag gewesen.
Therapeut: Sehr gut. Was passiert dann?
Frau F.: Es ist bereits dunkel, als ich aufbreche. Ich gehe auf dem Fußweg zum Strand und ziehe dort meine Flipflops aus. Es ist Flut und das Meer ist ganz nah. Man kann das Rauschen hören und es ist so ruhig und wunderschön. Ich spüre den Sand unter meinen Füßen. Ich bin müde, aber auch entspannt. Meine Augen gewöhnen sich langsam an die Dunkelheit, aber es ist trotzdem ziemlich finster. Ein bisschen Licht kommt vom Weg her. Der Strand ist ganz verlassen. Ich laufe am Strand entlang und fühle mich ganz ruhig. Ganz plötzlich habe ich das Gefühl, jemand folgt mir. Ich drehe mich um und sehe schemenhaft diesen Mann. Ich kann nicht viel erkennen, nur diesen schwarzen Schatten. Ich werde nervös und denke, irgendwas ist komisch. Es fühlt sich seltsam an, wie so eine Vorahnung.
Therapeut: Wie hoch ist Ihre Belastung?
Frau F.: 100. Ich bekomme Angst. Mein Herz schlägt schnell. Ich laufe schneller, doch er nähert sich ... (Frau F. stockt)
Therapeut: Sie machen das sehr gut. Was passiert dann?
Frau F.: Der Mann ist bei mir. Ich spüre seinen Atem. Meine Angst ist riesig. Ich denke, was will er von mir? Er hat so ein Grinsen im Gesicht und dann sehe ich das Messer aufblitzen. Es geht alles so schnell. Er packt mich, zieht mich in die Dünen und wirft mich auf den Boden (Frau F. beginnt zu weinen und stark zu zittern).
Therapeut: Es ist nur eine Erinnerung. Hier sind Sie sicher. Hier passiert nichts. Fahren Sie fort.
Frau F.: Ich liege auf dem Bauch. Er kniet auf mir und hält mich so fest. Er ist so schwer. Dann reißt er mir die Shorts nach unten. Ich traue mich nicht, zu schreien oder mich zu wehren. Ganz plötzlich wird mir klar, was er vorhat. Dann spüre ich seine Hand zwischen meinen Beinen. Sie ist kühl und eklig. (Frau F. zittert noch mehr und stoppt. Tränen laufen ihr über das Gesicht. Sie wirkt sehr stark belastet).
Therapeut: Ich verstehe, wie schwer es für Sie ist, dies zu erzählen. Bleiben Sie in der Erinnerung und versuchen Sie fortzufahren. Sie machen das sehr gut. (Er notiert sich diese Passage als potentiellen Hotspot).
Frau F. (sie pausiert einige Sekunden, bevor sie fortfährt): Er hat sich irgendwie seine eigene Hose ausgezogen. Dann ist er über mir. Ich habe Todesangst. Ich spüre diese schrecklichen Schmerzen, als er von hinten in mich eindringt. Es tut so weh, kaum aushaltbar. Er rammt sich in mich rein, immer und immer wieder. Er ist so schwer. Ich spüre meine Tränen im Gesicht. Es tut so weh. Ich sage nichts, ich warte einfach ab, bis es vorbei ist. Ich kann mich nicht bewegen. Er riecht nach Schweiß und diesem ekligen Rasierwasser. Es ist so fürchterlich, ich denke, ich sterbe (Frau F. weint stark und öffnet die Augen).

Therapeut: Sie machen das sehr gut. Es ist eine Erinnerung. Hier sind sie in Sicherheit. Versuchen Sie noch einmal die Augen zu schließen und weiter zu berichten. Was passiert dann?
Frau F. (nach einer kleinen Pause): Irgendwann spüre ich etwas Warmes in mir. Er seufzt. Dann spüre ich ihn nicht mehr. Er ist weg. Ich liege im Sand und untenrum brennt alles. Ich fühle mich so kraftlos wie noch nie in meinem Leben. Ganz leer. Gleichzeitig ekel ich mich vor mir selbst. Mein Körper ekelt mich an. Ich bin so schwach, als hat man alle Muskeln entfernt. Irgendwann kann ich aufstehen. Ich suche meine Kleidung zusammen und ziehe sie mir an. Dann gehe ich zurück zum Ferienhaus. Ich fühle mich betäubt. Wie auf Autopilot. Nur das Laufen tut weh, das kann ich spüren. Jeder einzelne Schritt ist eine Qual. Das Ferienhaus ist dunkel und alle schlafen. Ich gehe duschen und versuche alles abzuwaschen. Mit viel Seife. Dann lege ich mich ins Bett. Ganz leer fühle ich mich.
Therapeut: Sehr gut. Wie hoch ist Ihre Belastung jetzt im Moment?
Frau F.: 85.
Therapeut: Sie haben das sehr gut gemacht. Vielen Dank, dass Sie Ihre Erinnerung mit mir geteilt haben. Ich weiß, wie schwierig das ist. Doch mit jedem Mal wird es einfacher werden, alles zu erzählen.
Frau F.: Ich hätte nicht gedacht, dass ich das schaffen würde.
Therapeut: Ja, manchmal kann es sich so anfühlen. Dann ist es wichtig, weiterzumachen. Sie erinnern sich: Es ist alles eine Erinnerung und Erinnerungen sind nicht gefährlich. Mit der Zeit werden Sie weniger Angst haben. Sie können stolz auf sich sein. Sie waren sehr mutig, mir das alles so offen zu erzählen. Wie geht es Ihnen jetzt?
Frau F.: Ich habe immer noch etwas Angst.
Therapeut: Ja, das ist sehr verständlich. Die Angst wird mit der Zeit immer weniger werden. Glauben Sie, Sie können noch einmal von vorne beginnen?
Frau F. (zögert kurz): Ich denke schon.
Therapeut: Schön. Wenn Sie dazu bereit sind, würde ich gerne noch einmal anfangen.
…

Hierbei handelt es sich um den Auszug aus einem frühen Teil einer Sitzung. In der Gesamtsitzung sollte die Exposition bis zum Ende der Erinnerung durchgeführt werden bzw. wiederholt werden.

Zu Beginn der Expositionsphase sind SUD-Ratings normalerweise durchgängig erhöht. Mit der Zeit nimmt die Belastung sowohl während als auch über die Zeit kontinuierlich ab und ist insgesamt geringer ausgeprägt als zu Beginn.

Während aller Expositionssitzungen muss darauf geachtet werden, dass keine Vermeidung (z. B. aufgrund besonders schmerzhafter Gedanken) auftritt oder sich die Betroffene in Sicherheitsverhalten flüchtet. Eine Habituation kann nur stattfinden, wenn die Angst erlebt wird. Im Anschluss an jede Expositionssitzung in sensu werden die Erlebnisse diskutiert. Wie hat die Betroffene reagiert? Wo wurde Habituation deutlich, sowohl zwischen als auch innerhalb der Sitzung? Welche Erkenntnisse brachte die Exposition? Techniken der kognitiven Umstrukturierung können eingesetzt werden zur Identifikation und Modifikation negativer Gedanken und dysfunktionaler Überzeugungen.

In der Abschlusssitzung wird der Fortschritt des Patienten/der Patientin gewürdigt. Eingesetzte Verfahren und ihr Nutzen (oder auch Nicht-Nutzen) werden zusammengefasst und bewertet. Von zentraler Wichtigkeit ist außerdem, zukünftige Schwierigkeiten und Situationen in der Zukunft zu antizipieren und Strategien zum Umgang zu erarbeiten. Anschließend erfolgt die Planung des weiteren Vorgehens (Follow-Up-Termin in einiger Zeit? Weitere Behandlungsoptionen?) sowie die Verabschiedung (Foa et al. 2014).

Bewertung

Expositionsverfahren wie die PE haben den Ruf, für Patienten und Patientinnen sehr belastend zu sein. Über verschiedene Therapiestudien hinweg sind die Dropout-Raten jedoch vergleichbar zu anderen kognitiv-behavioralen Verfahren oder Kontrollbedingungen (McLean et al. 2015). Zu den spezifischen *Vorteilen* der PE aus therapeutischer Sicht zählen folgende Aspekte:

- Etabliertes, besonders im englischen Sprachraum sehr verbreitetes Verfahren
- Sehr gute Studienlage zur Wirksamkeit, siehe oben (McLean et al. 2015; Powers et al. 2010).
- Wenn es sich bei der PTBS um die Primärstörung handelt, zeigen Studien eine wirksame Anwendung auch bei komorbider Depression, komorbider Substanzabhängigkeit (unter gleichzeitiger Behandlung der Störung), bei PTBS mit Schädel-Hirn-Trauma und gemäß ersten Hinweisen wahrscheinlich auch bei komorbider Borderline-Persönlichkeitsstörung, wenn PE nach bzw. zusammen mit Dialektisch-Behavioraler Therapie angewandt wird (McLean et al. 2015).
- Sehr hoher Manualisierungsgrad mit vielen Optionen für Lehrvideos und Online-Trainings; dadurch leicht erlernbar und umsetzbar.

Zu den *Nachteilen* bei der PE können folgende Aspekte aufgeführt werden:

- Wie bei jedem expositionsbasierten Verfahren wird das Nacherzählen der traumatischen Situation initial als belastend erlebt, sowohl aus Sicht des/der Therapeuten/Therapeutin, als auch der/des Patientin/Patienten.
- Durch die hohe Eigenständigkeit des Patienten/der Patientin während der Exposition, ist man als Therapeut/Therapeutin bei der PE weniger »nah dabei« als z. B. bei der Narrativen Expositionstherapie.

Ressourcen

Manual (auf Deutsch): Foa EB, Hembree EA, Rothbau BO (2014) Handbuch der Prolongierten Exposition: Basiskonzepte und Anwendung – eine Anleitung für Therapeuten. Lichtenau: G. P. Probst.
APA-Empfehlung (auf Englisch):

https://www.apa.org/ptsd-guideline/treatments/prolonged-exposure, Zugriff am 25.02.2020.
Online-Training (auf Englisch) nach Registrierung: http://pe.musc.edu/introduction, Zugriff am 25.02.2020.
Lehrvideos (auf Englisch): https://deploymentpsych.org/PE-videos-main-page, Zugriff am 25.02.2020.

10.2 Kognitive Therapie der PTBS

Hintergrund

Die kognitive Therapie basiert auf der Erfahrung, dass die allermeisten Betroffenen kurz nach dem Erleben eines traumatischen Ereignisses Symptome wie Schlafstörungen oder erhöhte Schreckhaftigkeit berichten. Doch da sich nur bei einer Minderheit chronische Symptome der PTBS entwickeln bedeutet dies, dass es Unterschiede in der Verarbeitung der traumatischen Situation geben muss. Die kognitive Therapie baut somit auf dem in Kapitel 5.4 beschriebenen kognitiven Modell der PTBS von Ehlers und Clark (2000) auf (▶ Kap. 5.4). Der zentrale Ansatz ist die Modifikation aufrechterhaltender dysfunktionaler kognitiver Faktoren, die eine chronische PTBS begünstigen.

Aufbau

Die kognitive Therapie formuliert fünf spezifische Bausteine, die in ihrer Durchführung eng miteinander verzahnt sind (Schnyder et al. 2015):

1. Übertragung des kognitiven Modells auf die individuelle Situation:
   Wie bereits erwähnt, wird das traumatische Ereignis und seine Folgen interindividuell unterschiedlich bewertet. Auch bei der Verbindung zwischen Traumagedächtnis und sonstigen Erinnerungen handelt es sich um interindividuell unterschiedliche Prozesse. Aus diesem Grund wird zu Beginn das kognitive Störungsmodell auf die individuelle Situation übertragen und spezifiziert. Hierbei können standardisierte Diagnostik-Fragebögen zur Identifikation peritraumatischer Kognitionen und posttraumatischer Überzeugungen hilfreich sein (▶ Kap. 7).
2. Aktualisierung des Traumagedächtnisses zur Verringerung der Wiedererlebens-Symptomatik:
   Ähnlich wie bei der PE wird mit imaginativen Methoden zum Nacherleben der traumatischen Situation gearbeitet. Der Ablauf ist sehr ähnlich. Auch bei der kognitiven Therapie wird die Exposition in sensu mit geschlossenen Augen in Ich-Form im Präsens durchgeführt, inkl. Reaktionen und Eindrücke vor, während und nach dem traumatischen Ereignis. Ähnlich der PE finden Belastungsratings während der Durchführung statt. Der Therapeut/die Therapeutin unterstützt

dabei. Bei der Kognitiven Therapie steht jedoch nicht die Habituation im Vordergrund, sondern gemäß dem kognitiven Modell soll eine Kontextualisierung traumaspezifischer Erinnerung stattfinden und negative Interpretationen identifiziert werden. Aus diesem Grund reichen weniger Sitzungen aus (ca. drei), in denen imaginativ konfrontiert wird. Pro Sitzung sind dabei mehrere Durchgänge mit Exposition des gesamten Ereignisses möglich. Im weiteren Verlauf werden nur noch die Hotspots imaginativ konfrontiert (Ehlers 1999).

In den Nachbesprechungen zum imaginativen Nacherleben wird die individuelle Bedeutung des Erlebten identifiziert und bearbeitet. Zusätzlich zur erneuten Einschätzung der Belastung wird auch die Lebhaftigkeit des Nacherlebens eingeschätzt. Damit kann geklärt werden, ob die Intensität der Exposition in sensu genügend war. Über die Zeit der Therapie reduzieren sich Lebhaftigkeits- und Belastungsratings (Ehlers 1999). Zusätzlich werden Patienten/Patientinnen gebeten, als Hausaufgabe erneut nachzuerleben und darüber ein Protokoll zu führen (Tag, Dauer, Intensität der Belastung vorher und nachher, Lebhaftigkeit). Dies wird in der nächsten Sitzung aufgegriffen. Während des Nacherlebens passiert es häufig, dass Betroffenen neue Details oder Informationen der Situation einfallen. Diese können ursprüngliche Interpretationen korrigieren und sollen bei erneutem Nacherleben entsprechend eingebaut werden.

Frau F[1]. äußert die Überzeugung, sie hätte sich gegen den Täter zur Wehr setzen sollen. Es sei nur deswegen so weit gekommen, weil sie nichts getan hätte. Während des imaginativen Nacherlebens wird Frau F. klar, dass ihr der Täter körperlich so überlegen war und so schwer auf ihr lag, dass sie nichts gegen ihn ausrichten konnte. In der Nachbesprechung kommt sie zu dem Schluss, dass es vermutlich eine bessere Entscheidung war, sich nicht zu wehren. Diese neue Interpretation kann sie nun beim erneuten Nacherleben einbauen.

3. Abbau dysfunktionaler Interpretationen des Erlebten und ungünstiger Verhaltensweisen:

Die Nachbesprechung der Exposition ist noch aus einem anderen Grund essentiell: Es kann der am meisten belastende Moment (»Hotspot«) identifiziert werden sowie die Bedeutung, die dieser Moment für den Patienten/die Patientin hat und wie die Situation interpretiert wird. Hierbei kann die vorherrschende Emotion (z. B. Angst, Ekel, Scham, Ärger) Hinweise auf die zugrundeliegende Interpretation geben. Bei den meisten Betroffenen zeigen sich systematische Denkfehler, die in einer erhöhten Wahrnehmung der eigenen Verantwortlichkeit sowie der gesteigerten Wahrscheinlichkeit zukünftiger Ereignisse münden. Diese Bewertungen werden in einem nächsten Schritt modifiziert. Dabei werden kognitive Techniken zur Umstrukturierung (z. B. sokratischer Dialog, Verhaltensexperimente, Imaginationsverfahren, Kosten-Nutzen-Analyse, Analyse automatischer Gedanken, Erarbeitung anderer Interpretation durch Sammeln von Pro- und Kontra-Argumenten) eingesetzt (siehe Ehlers 1999). Die veränderte Sichtweise wird schließlich mit der ursprünglichen Wahrnehmung integriert. Diese Kor-

---

[1] Bei den auf das Fallbeispiel übertragenen Techniken handelt es sich um Abwandlungen der Beispiele aus Ehlers (1999) und aus den Lehr-Videos der Oxcadat Resources.

rektur kann z. B. verbal passieren (»Jetzt weiß ich, dass ich nicht daran schuld bin«), durch Handlungen oder durch eine Veränderung der Vorstellung der Erinnerung (z. B. Folgen für den Täter vorstellen) (Ehring 2019).

Bei Frau F. ergab die Exploration, dass sie sich schämt. Sie fühlt sich für die sexuelle Gewalt, die ihr angetan wurde, verantwortlich. Sie habe an diesem Abend kurze Shorts und ein enges T-Shirt getragen. Wahrscheinlich sei dies zu aufreizend gewesen. Hätte sie weniger kurze Kleidung getragen, wäre das alles nicht passiert. Die Therapeutin erklärt Frau F., wie diese negative Bewertung der Situation ihre Gefühle und Symptome beeinflusst und aufrechterhält. Sie vereinbart mit ihr, dass das kritische Überprüfen dieser Interpretation eines der Behandlungsziele sein wird.

Zur Diskussion der Schuldfrage bei Frau F. bieten sich für einen sokratischen Dialog z. B. folgende Fragen an (Ehlers 1999, S. 52 ff.):

- *»Wie wäre es, wenn eine Freundin genau die gleiche Situation erlebt hätte. Wie hoch wäre ihr Schuldanteil?*
- *Welchen Einfluss hatte Frau F. tatsächlich auf die Situation?*
- *Wie erschienen ihr die Dinge während der Vergewaltigung? In welchem seelischen Zustand befand sie sich?«*

Umstrukturierung durch ein Verhaltensexperiment:

Um die dysfunktionale Überzeugung »Wenn ich körperbetonte Kleidung trage, passiert wieder ein Übergriff« weiter zu modifizieren, wird mit Frau F. erarbeitet, dass sie als Hausaufgabe in Shorts und einem engen T-Shirt zur Bäckerei geht, um dort Brötchen zu kaufen. Dieses Verhaltensexperiment hilft Frau F. zu verstehen, dass enganliegende Kleidung nicht kausal mit dem traumatischen Ereignis zusammenhängt und dass sie durchaus auch mit weniger lockerer Kleidung unterwegs sein kann, ohne in eine gefährliche Situation zu geraten. So wird ihr das Tragen von Kleidungsstücken, die weniger weit geschnitten sind, weniger unangenehm und sie bewertet das Risiko deutlich geringer.

4. Training von Stimuli-Diskrimination, die Symptome auslösen

Patienten und Patientinnen können meist bestimmte Auslöser intrusiver Erinnerung (z. B. ein bestimmter Ort) benennen. In anderen Situationen tauchen Erinnerungen jedoch völlig unerwartet auf, ohne dass ein Auslöser zugeordnet werden kann. Im Diskriminationstraining lernen Patienten und Patientinnen die Stimuli zu identifizieren, die Wahrnehmungen kurz vor, während oder nach dem traumatischen Ereignis ähneln. Anschließend erfolgt eine Herausarbeitung der Gemeinsamkeiten und Unterschiede zwischen der traumatischen und der aktuellen Situation inklusive ihrer Bedeutung (*Gefahr damals* versus *keine Gefahr heute*). Der Patient/die Patientin wird ermuntert, diese Auslöser bewusst aufzusuchen und dann auf Unterschiede zu der traumatischen Situation zu achten.

Bei Frau F. könnte das so aussehen:

Frau F. erzählt, dass sie vor einigen Tagen abends im Dunkeln nur noch schnell den Briefkasten am Hauseingang leeren wollte. Dabei kamen plötzlich Bilder von dem Übergriff vor ihrem inneren Auge hoch und Frau F. bekam auf einmal große Angst. In der genauen Exploration der Situation im Rahmen der Therapie stellt sich heraus, dass Frau F. kurz auf die Straße geblickt hatte, an der eine Laterne steht. Das diffuse Leuchten der Straßenlaterne erinnerte sie an ihre traumatische Situation. Als sie am Strand den Täter hinter sich bemerkte, fiel ihr Blick ebenfalls auf eine entfernt am

Zugangsweg zum Strand stehende Straßenlaterne mit ähnlich diffusem Licht. Diese Ähnlichkeit hatte Frau F. bisher nicht erkannt.
   Die Therapeutin ermutigt Frau F., in den nächsten Wochen bewusst auf unterschiedliche Lichtquellen (z. B. entgegenkommende Fahrzeuge, Straßenlaternen, Lichter im Eingangsbereich von Häusern, einzelne Lichtquellen wie eine Schreibtischlampe) zu achten und zu beobachten, welche Reaktionen dies bei ihr auslösen würde. Frau F. bemerkte, dass innere Bilder des Vorfalls immer dann ausgelöst wurden, wenn das Licht einer einzelnen Lampe in ansonsten dunkler Umgebung streute. Durch diese Vorhersagbarkeit der Intrusionen, nahm der aversive Charakter ab. Frau F. lernt, wie sich das Licht in den Situationen im »Hier und Jetzt« von damals unterscheidet. Diese Ähnlichkeiten und Unterschiede in den unterschiedlichen Kontexten werden im Rahmen der Therapie detailliert herausgearbeitet, um die Wahrnehmung zu stärken. Durch dieses Diskriminationstraining verringern sich die Intrusionen im Laufe der Zeit.

5. Das Leben zurück erobern
   Personen mit PTBS ziehen sich sozial zurück, häufig aus Angst ihre Mitmenschen zu belasten. Häufig befürchten sie, von ihrem Umfeld abgelehnt zu werden. Sie geben Freizeittätigkeiten auf, die ihnen früher wichtig waren und jetzt keine Freude mehr machen. In dieser Komponente wird besprochen, wie der soziale Rückzug zu dem Gefühl beiträgt, dass das Leben nicht mehr weitergeht nach dem traumatischen Erlebnis. Gleichzeitig wird der/die Betroffene ermuntert, soziale und andere Freizeitaktivitäten wiederaufzunehmen. Sollte die ursprüngliche Aktivität aus finanziellen oder krankheitsbedingten Gründen nicht mehr durchführbar sein, sollten Alternativen gesucht werden. Mittels sokratischen Dialoges können Befürchtungen konkretisiert und Vorhersagen abgleitet sowie alternative Interpretationen erarbeitet werden, die dann im Verhaltensexperiment als Hausaufgabe geprüft werden. Eine Übung vorab im Rollenspiel kann hilfreich sein, um konkrete Formulierungen auszuprobieren.
   Im Falle von Frau F. könnte der Ablauf folgendermaßen aussehen:
   Bereits während der ersten Behandlungssitzung greift die Therapeutin die Bedeutung von früheren Aktivitäten und sozialen Beziehungen auf und fragt Frau F., welche Aktivitäten ihr früher Spaß gemacht haben. Es stellt sich heraus, dass Frau F. früher regelmäßig joggen ging und häufiger mit Freundinnen abends ausgegangen ist. Daran hat sie aber mittlerweile jegliche Freude verloren. Zum Joggen gehen fehlt ihr die Energie und sie kann sich nicht mehr »aufraffen«. Mit ihren Freundinnen mag sie sich nicht mehr treffen, weil sie Angst hat, diese mit ihrer Stimmung »herunterzuziehen«. Außerdem befürchtet sie, dass ihre Freundinnen wissen möchten, was genau eigentlich in der Nacht passiert sei. Frau F. ahnt, dass sie sich nachher noch schlechter fühlen und sich Vorwürfe machen würde, wieso sie sich überhaupt auf ein Treffen eingelassen hat. Die Therapeutin zeigt sich verständlich für diese Befürchtungen. Sie erklärt die Wichtigkeit, alte Aktivitäten wiederaufzunehmen. Sie weist Frau F. darauf hin, dass man sich erst mit der Zeit daran erinnert, warum man an einer bestimmten Tätigkeit Spaß hatte und diese erst wieder nach einiger Zeit als schön erlebt werde. Als Hausaufgabe vereinbaren sie, dass Frau F. sich neue Sportschuhe kauft, die sich gut zum Joggen eignen. In der darauffolgenden Sitzung wird besprochen, mit welchen Schwierigkeiten und Gefühlen diese Aufgabe verbunden

war. Im weiteren Verlauf der Therapie werden diese Hausaufgaben zum Zurückerobern des eigenen Lebens sukzessiv weiter aufgebaut mit dem Ziel das Wohlbefinden von Frau F. weiter zu steigern.

Die kognitive Therapie umfasst in ihrer ursprünglichen Form 8 bis 12 Sitzungen mit jeweils 60–90-minütiger Dauer, gefolgt von drei optionalen monatlichen Booster-Sitzungen, die der Festigung der erzielten Veränderungen dienen (Ehlers 1999). Dabei dient die allererste Sitzung als wichtige Grundlage. In dieser erfolgt neben der Zielsetzung der Therapie eine Normalisierung der Symptome im Rahmen der Psychoedukation und die erste Ableitung des Rationales zur Exposition in sensu. Es wird das individuelle Störungsmodell erarbeitet und dabei der Zusammenhang zwischen Unterdrückung der Intrusionen, dysfunktionaler Verhaltensweisen und Aufrechterhaltung der PTBS-Symptome vermittelt (z. B. durch ein Gedankenspiel mit dem rosa Elefanten: »Versuchen Sie, unter keinen Umständen an einen rosa Elefanten zu denken«). Zusätzlich erfolgt ein erster Einstieg in die anderen Komponenten der Therapie und ihr Rational. Im weiteren Verlauf der Therapie werden zu Beginn die Hausaufgaben besprochen, dann folgen individuell aufgebaute Sitzungen mit enger Verzahnung der anderen Komponenten. Dabei werden zuerst Exposition in sensu vor den Techniken der kognitiven Umstrukturierung umgesetzt, während sich die Komponente »das Leben zurückerobern« durch die gesamte Therapie zieht. In-vivo-Expositionen werden im Verlauf ebenfalls eingesetzt.

Bewertung

Zu den *Vorteilen* der kognitiven Therapie zählen folgende Aspekte:

- Ebenfalls sehr gut untersuchtes und wirksames Verfahren mit großen Effektstärken auch im Routineeinsatz (Ehlers et al. 2013; Ehring et al. 2014).
- Ausführliche und allumfassende Intervention, die explizit Denkfehler und dysfunktionale Interpretationen bearbeitet.

Als potentielle *Nachteile* können folgende aufgeführt werden:

- Es handelt sich um eine vergleichsweise komplexe Intervention, die ein längeres Training erfordert.
- Es gibt wenige Fortbildungsmöglichkeiten im deutschsprachigen Raum.
- Das deutschsprachige Manual ist dabei vergleichsweise alt.

Ressourcen

Manual:
Ehlers A (1999) Posttraumatische Belastungsstörungen. Göttingen: Hogrefe.

Lehrvideos (auf Englisch) nach Registrierung: https://oxcadatresources.com/ptsd-training-videos/, Zugriff am 25.02.2020.
APA-Empfehlung (auf Englisch): https://www.apa.org/ptsd-guideline/treatments/cognitive-therapy, Zugriff am 25.02.2020.

10.3 Narrative Expositionstherapie (NET)

Die NET (Schauer et al. 2011) hat ihren Ursprung in Krisenregionen und wurde als Kurzzeitintervention entwickelt, um Betroffene mit mehreren traumatischen Ereignissen (z. B. mehrere Kriegs- und Krisenerlebnisse) in einem kurzen Zeitraum zur Symptomentlastung zu verhelfen.

Hintergrund

NET baut auf den Annahmen zum neuronalen Furchtnetzwerk und dem lerntheoretischen Model auf (▶ Kap. 5) und geht davon aus, dass bei einer PTBS sogenannte »kalte« Gedächtnisinhalte (Fakten, Kontextinformationen) losgelöst von den »heißen« Gedächtnisinhalten (sensorische, kognitive, emotionale und physiologische Information) vorliegen. Dabei werden Informationen neuerer traumatischer Ereignisse in das assoziative Netzwerk früherer Erfahrungen integriert, so dass sich eine weitverzweigte Netzwerkstruktur ergibt, in der Repräsentationen von »heißen« Gedächtnisinhalten ohne Bezug zu Raum und Zeit vorliegen (Schauer et al. 2011; Schauer und Ruf-Leuschner 2014). Die Gedächtnisinhalte liegen fragmentiert vor und sind nicht willentlich abrufbar. Durch Triggern dieser mit dem Trauma assoziierten Stimuli entsteht die Wiedererlebenssymptomatik und damit die typischen Symptome der PTBS. In Tabelle 10.2 findet sich ein Fallbeispiel für heiße und kalte Gedächtnisstrukturen (▶ Tab. 10.2).

Tab. 10.2: Gegenüberstellung »heißer« und »kalter« Gedächtnisinhalte eines Patienten, der einen Bombenanschlag überlebt hat

Heiß	Kalt
• Kognitiv: Ich werde nicht überleben; Ich weiß nicht, was ich tun soll. • Emotional: Angst, Hilflosigkeit, Verzweiflung, Entsetzen • Physiologisch: Zittern, Schweißausbruch, Herzrasen • Sensorisch: Geruch des Rauchs, keine Sicht, lauter Knall	• Zeit: Es war morgens im Frühling; die Sonne schien • Ort: Wir waren auf dem Markt → Kohärente Chronologie

Aufbau

Die NET verfolgt das Ziel, die traumatischen Ereignisse kohärent in das autobiographische Gedächtnis zu integrieren. Dabei liegt bei der NET der Fokus auf der gesamten Lebensgeschichte und nicht nur auf einem traumatischen Indexereignis. Dies ergibt sich aus der Annahme des assoziativen Netzwerks, in dem alle Elemente sämtlicher Erlebnisse miteinander verwoben sind. Die NET arbeitet damit ähnlich wie die PE mit Exposition in sensu als Hauptkomponente, weist jedoch auch einige wichtige Unterschiede auf: Die beiden Bestandteile der NET sind das Legen einer Lebenslinie

(»Lifeline«) zu Beginn und die darauf aufbauenden Expositionssitzungen (siehe Schauer et al. 2017). Die NET wird meist in Doppelsitzungen (90–120 Minuten) durchgeführt. Die Anzahl der Sitzungen erstreckt sich, je nach Symptomschwere, über 8–12 Sitzungen. In der ersten Sitzung erfolgt, wie bei anderen Verfahren auch, die strukturierte diagnostische Abklärung inklusive Einsatzes standardisierter Trauma-Checklisten (inklusive Erfahrungen in der Kindheit) sowie Psychoedukation. Diese bieten bereits einen ersten chronologischen Zugang zu der gesamten Lebensgeschichte der/des Betroffenen. In den anschließenden Sitzungen wird die Lifeline gelegt, gefolgt von den eigentlichen Expositionssitzungen. Im Folgenden werden diese beiden Komponenten genauer beschrieben (Schauer et al. 2017, 2011).

1. Die »Lifeline«
Bei der Lifeline handelt es sich um eine symbolhafte chronologische Darstellung der gesamten Biographie von Geburt bis zum jetzigen Zeitpunkt. Das Seil steht dabei für den Lebensfluss. Der Patient/die Patientin wird dazu angeleitet, das Seil so zu legen, wie es dem Verlauf seines/ihres Lebens entspricht: Mit Knicken, gerade oder in Schlangenlinien. Am Ende bleibt ein Teil aufgerollt liegen, der die Zukunft symbolisiert (vgl. Schauer et al. 2017; Schauer und Ruf-Leuschner 2014). Anschließend werden mit Symbolen bedeutsame Lebensereignisse chronologisch abgebildet. Folgende Gegenstände können eingesetzt werden (Schauer und Ruf-Leuschner 2014):
– Steine: Sie stellen negative, schlechte und traumatische Erfahrungen dar.
– Blumen: Sie repräsentieren schöne, aufbauende und allgemein positive Lebensereignisse.
– Erweiterung Kerzen (z. B. Teelichter): Sie können eingesetzt werden, um Verluste, Tod oder Trauer zu symbolisieren.
– Erweiterung Holzstöckchen: Sie repräsentieren Täteranteile (z. B. bei ehemaligen Kindersoldaten/Kindersoldatinnen) und stellen eine Erweiterung der ursprünglichen NET dar.

Die Gegenstände sollten in Größe, Form, Farbe, Struktur und Aussehen variieren, um der Individualität jedes Ereignisses gerecht zu werden.

Beginnend ab Geburt werden in engem Kontakt mit dem/der Therapeuten/Therapeutin Stück für Stück im chronologischen Verlauf wichtige Ereignisse des Lebens herausgearbeitet und durch den Patienten/die Patientin mit dem entsprechenden Symbol versehen (Schauer und Ruf-Leuschner 2014). In dieser Sitzung werden keine Ängste aktiviert, es handelt sich um einen kontextbasierten und stark strukturierten Überblick über die Lebensgeschichte aus der Vogelperspektive. Der Fokus liegt auf dem »kalten« Gedächtnis, es wird nicht nach Emotionen gefragt (Kernfragen: Wo? Wann? Was?). Eine empathische Begrenzung und ständige Strukturierung durch den Therapeuten/die Therapeutin ist somit essentiell. Die Lebenslinie stellt einen schönen Einstieg in die Therapie dar und eignet sich auch zum Vertrauensaufbau. Evidenz für die Lebenslinie als alleiniges Therapiemodul zur Reduktion von Symptomen liegt nicht vor (Schauer und Ruf-Leuschner 2014). Zum Abschluss der Sitzung wird die Lebenslinie abfotografiert und kann später als Deckblatt für die Narration verwendet werden.

Frau F.s Lifeline zu Beginn der Therapie (ohne Einsatz von Teelichtern):

17.06.1999: *Geburt in Oldenburg.* Meine Eltern sind beide Anfang 30. Sie wohnen zur Miete in der Stadt.

2 Jahre: *Geburt meiner Schwester.* Wir verstehen uns sehr gut.

2–3 Jahre: *Umzug.* Wir ziehen in ein kleines Haus am Stadtrand.

3,5 Jahre: *Kindergarten.* Ich gehe vormittags in den Kindergarten. Der ist bei uns um die Ecke.

6 Jahre alt: *Grundschulzeit.* Ich habe viele Freundinnen.

10 Jahre: *Schulwechsel.* Ich komme auf das Gymnasium.

Ab 11 Jahre: *Konflikte.* Meine Eltern streiten zu viel. Sie schreien sich ständig an. Sie haben keine Zeit mehr für uns.

12 Jahre: *Einsamkeit.* Meine Eltern sind nur noch mit sich selbst beschäftigt.

12 Jahre: *Oma.* Ich bin viel bei meiner Oma, die sich um uns kümmert.

13 Jahre: *Trennung und Umzug.* Meine Eltern lassen sich scheiden. Mein Vater zieht aus. Ich ziehe mit zu ihm in eine Wohnung in der Stadt.

14 Jahre: *Streit.* Mit meinem Vater gibt es viel Ärger. Ich ziehe zurück zu meiner Mutter und meiner kleinen Schwester ins Haus. Dort ist es besser.

15 Jahre: *Gymnasium.* Ich bin eine gute Schülerin. Meine Eltern sind sehr stolz auf mich.

15 Jahre: *Tod.* Mein Opa hat einen Schlaganfall und stirbt. Meiner Oma geht es sehr schlecht.

16 Jahre: *Mein erster Freund.* Thomas und ich kommen zusammen.

17 Jahre: Ich beginne mit dem *Babysitten* bei der Nachbarsfamilie.

18 Jahre: *Urlaub mit der Nachbarsfamilie. Vorfall am Strand.* Die Alpträume beginnen.

18 Jahre: *Trennung* von Thomas.

19 Jahre: *Abitur.* Zu schlechter Schnitt für das Studium.

19,5 Jahre: *WG* in Oldenburg. Beginn der Lehre.

21 Jahre: Bis jetzt: Konzentrationsschwierigkeiten, Schuldgefühle, kaum Kontakt zu meinen Freundinnen.

2. Expositionssitzungen (darauffolgende Sitzungen)
Im Anschluss an die Lifeline folgen die Expositionssitzungen, in denen das Erlebte emotional durchgearbeitet und somit heiße und kalte Gedächtnisinhalte (▶ Tab. 10.2) wieder verknüpft werden. Durch die Einbettung in Raum und Zeit erfolgt die Integration in eine kohärente Gedächtnisstruktur. Während der Exposition werden die Erlebnisse entlang der autobiographischen Ordnung über das gesamte Leben von Geburt bis Gegenwart bearbeitet. Die Nacherzählung läuft dabei streng chronologisch ab. Positive und nicht-traumatische Ereignisse werden kurz angesprochen und so zusammengefasst. Nähert sich die Erzählung einem traumatischen Erlebnis, wird die Narration verlangsamt. Durch empathisches Nachfragen des Therapeuten/der Therapeutin zu den »kalten« Fakten (Wann? Wo? Wie? Womit?) erfolgt eine Integration und Aktualisierung des Traumgedächtnisses. Durch gezielte Fragen zum Erleben des »heißen« Gedächtnisses (»Was haben Sie gedacht?«, »Was haben Sie gefühlt?«, »Was haben Sie gerochen?«) wird das Erzählte strukturiert und vertieft. Dabei findet ein ständiges Kontrastieren von damals (Vergangenheit) und jetzt (Präsens) statt. Dieses Vorgehen verankert das Geschehen in Raum und Zeit. Hier werden weitere Unterschiede zu anderen expositionsbasierten Verfahren wie der PE deutlich: Das Nacherzählen in der NET bezieht sich auf das gesamte Leben. Während in der PE das Nacherzählen im Präsens erfolgt, nutzt die NET zur Verdeutlichung der zeitlichen Abgeschlossenheit die Vergangenheitsform. Diese werden durch die Nutzung der Gegenwartsform mit dem jetzigen Erleben verglichen (vgl. Mørkved et al. 2014). Auch kreativere Varianten können während des strukturierten Nacherzählens gut eingesetzt werden (z. B. Zeichnen bestimmter Situationen auf Papier). Bei der NET wird die gesamte Narration schriftlich notiert – so entsteht sukzessive ein Narrativ über die gesamte Lebensgeschichte. Das »Unsagbare« wird somit in Worte gefasst (vgl. Schauer et al. 2011).

Frau F. und ihre Therapeutin beginnen in der dritten Sitzung mit der Narration. Streng chronologisch arbeiten sie sich durch das bisherige Leben von Frau F. Dabei betrachten sie sowohl positive, als auch negative Erfahrungen, die Frau F. in ihrer Kindheit und Jugend machte. Als sie zu dem sexuellen Übergriff gelangen, verlangsamt die Therapeutin das Tempo. Zunächst fragt sie nach der Einbettung in Zeit (18 Jahre alt, im August, in den Sommerferien vor Frau F.s letztem Schuljahr), Raum (an der Nordsee in einem kleinen Feriendorf) und dem allgemeinen Kontext. (Der Tag des Ereignisses war ein Montag. Frau F. hatte den Tag mit der Familie am Strand verbracht. Abends hatten sie gegrillt und dann hatte sie den Mädchen gegen 20 Uhr eine Gutenachtgeschichte vorgelesen. Anschließend duschte Frau F. und schrieb auf WhatsApp mit dem Freund Thomas. Dann entschied sie sich dazu, noch einmal rauszugehen. Da war es 22 Uhr. Es war eine sternklare Nacht und immer noch sehr warm.)
Je mehr sich Frau F. in ihrer Erzählung dem traumatischen Ereignis nähert, desto bewusster verlangsamt ihre Therapeutin das Tempo. Sie hakt behutsam immer wieder ein, um das Geschehene mit dem Kontext zu verankern. So verknüpft sie die »warmen« und »kalten« Gedächtnisinhalte.
(…)
Frau F.: Ich stand vorne beim Meer. Es war gerade Flut und alles gurgelte und rauschte. Es war ziemlich dunkel am Strand, nur das Licht der Laterne vom Weg leuchtete schwach.

Den Mond sah man nicht. Und dann hatte ich plötzlich das Gefühl, da ist jemand. Ich blickte mich um. Dann sah ich diesen schwarzen Schatten und die Umrisse des Mannes.
Therapeutin: Da war dann dieser Mann. In welcher Richtung stand er?
Frau F.: Er war rechts hinter mir, so 30 Meter entfernt. Vor mir war das Wasser und hinter mir die Dünen. Ich weiß nicht, wo er plötzlich herkam.
Therapeutin: Als Sie den Mann erblickten, was haben Sie da genau gesehen?
Frau F.: Ich hab' nicht viel erkannt. Es war so dunkel. Ich sah den Strand glitzern und die Schwärze des Meeres und dann diesen Mann. Das Gesicht konnte ich nicht erkennen.
Therapeutin: Was dachten Sie in dem Moment, als Sie ihn sahen?
Frau F.: Erstmal dachte ich mir nicht viel. Eher so, da ist wohl noch einer, der ein bisschen Ruhe braucht. Irgendwie war es aber komisch mit ihm.
Therapeutin: Was genau war komisch? Was haben Sie gefühlt?
Frau F.: Ich kann das gar nicht so genau sagen… Es wurde mir schnell unwohl. Das war so ein komisches Gefühl. Wie so eine Vorahnung. Ich bin dann schnell weiter.
Therapeutin: Wo sind Sie genau hingelaufen?
Frau F.: Weg von diesem Mann. Also nach links. Ich konnte nicht zurück zu dem Weg, weil der war genau da, wo der Mann herkam. Also bin ich weiter den Strand entlang.
Therapeutin: Und was ging Ihnen da durch den Kopf?
Frau F.: Ich dachte, irgendwas stimmt mit dem nicht. Ich konnte es nicht so genau einordnen. Jetzt merke ich wie ich nervös werde.
Therapeutin: Wo in Ihrem Körper spüren Sie diese Nervosität?
Frau F.: Mein Herz schlägt schneller. Ich bin aufgeregt.
Therapeutin: War das damals auch so?
Frau F.: Ich denke, ja.
(…)
Auf diese Art »arbeitet« sich Frau F. gemeinsam mit ihrer Therapeutin zeitlupenartig durch das Geschehene. Die Therapeutin stellt kontinuierlich Fragen zu »heißen« und »kalten« Gedächtnisinhalten und kontrastiert das Damals mit dem Heute. Daraus ergibt sich folgende Narration (Auszug), die die Therapeutin notiert:
(…). Dann kniete er auf mir. Ich lag im Sand mit dem Gesicht zur Seite nach rechts. Ich spürte das harte Strandgras, wie es in meine nackte Haut schnitt. Meine Arme waren noch oben gerichtet, ich hatte mich beim Fallen damit abgestützt. Ich konnte ihn aus dieser Position nicht sehen, aber ich spürte seine Knie in meinem Rücken. Ich roch seinen Geruch, eine Mischung aus Schweiß und den Resten eines Aftershaves. Mein Herz schlug schnell, ich hatte solche Angst. Er war so schwer, ich konnte nichts machen.
Auch jetzt schlägt mein Herz und meine Hände sind zittrig und schweißig. Ich spüre eine große Angst, so wie damals.
In dem Moment wurde mir klar, was er vorhatte. Ich wollte schreien, doch ich konnte nicht. Ich dachte, jetzt wird er mich vergewaltigen und ich kann nichts dagegen machen. In meinem Körper verkrampfte sich alles. Ich fühlte einen Knoten in meinem Bauch, alles zog sich zusammen. Gleichzeitig fühlte ich mich seltsam schwach, fast wie gelähmt.
Jetzt fühle ich die Schwäche und den Knoten in meinem Bauch wieder. Meine Arme und Beine fühlen sich wie gelähmt an. Ich spüre es jetzt genauso, wie in der Situation. Es fällt mir schwer zu sprechen.
Der Mann riss mir meine Hotpants nach unten. Er war ziemlich rabiat und hektisch. Seine Fingerknöchel drückten sich zwischen den Hosenbund und meine Haut. Ich lag

ganz steif da. Wie tot. Ich bewegte mich nicht. In meinem Kopf war gleichzeitig eine große Leere und ich hatte riesige Angst. Ich wusste, was gleich passieren würde. Er sagte die ganze Zeit kein Wort.
Ich rieche jetzt sein ekliges Aftershave. Ich habe Angst. Mein Herz schlägt schnell.
Es waren nur wenige Sekunden, aber mir kam es wie eine Ewigkeit vor, bis er es schaffte. Meine Shorts hing zwischen meinen Beinen. Ich schämte mich, wie ich so entblößt vor ihm lag. Dann spreizte er meine Beine mit seiner Hand. Ich hörte das Meeresrauschen und spürte den Sand, der sich in meine Haut bohrte. Ich war voller Entsetzen, es war so schrecklich. Ich konnte nichts tun.
Ich kann jetzt meine Verzweiflung spüren. Ich merke dieses Gefühl der Lehre in meinem Körper.
Als er meine Beine spreizte, hörte ich ihn schnaufen. Seit Atem wurde schneller.
(...)
Frau F. und ihre Therapeutin arbeiten sich auf diese Weise durch das Geschehene. Die Therapeutin unterstützt und strukturiert empathisch und kontinuierlich. Die Narration endet, als Frau F. sich wieder in Sicherheit im Ferienhaus befindet.

Therapeutisch ist es sehr wichtig, das imaginative Nacherleben über das zeitliche Ende des Hotspots hinaus durchzuführen, bis der Patient/die Patientin einen sicheren Endpunkt gefunden hat. Auch hier wird durch entsprechende Fragen (»Wo waren Sie?« »Was haben Sie da getan?« »Wie haben Sie sich gefühlt?« »Wie fühlen Sie sich jetzt?«) empathisch strukturiert und kontrastiert. Auf diese Weise arbeiten sich Patient/Patientin und Therapeut/Therapeutin in den einzelnen Sitzungen behutsam durch das gesamte Leben. Die Zeit zwischen den Sitzungen nutzt der Therapeut/die Therapeutin zum Abfassen und Ergänzen der Narration. In jeder neuen Sitzung wird zu Beginn der Inhalt der letzten Sitzung vorgelesen und entsprechend korrigiert oder erweitert. Oft fallen Betroffenen weitere Details ein, je häufiger sie sich mit dem Geschehen auseinandersetzen. Zum Abschluss der Expositionssitzungen liegt so eine Narration der gesamten Biographie der betroffenen Person vor, bis zur Gegenwart.

In der Schlusssitzung findet ein erneutes Legen der Lebenslinie mit Wunschblumen für die Zukunft statt. Anschließend wird die ausgedruckte Narration (inklusive Bild der finalen Lifeline) von allen an der Therapie beteiligten Personen (Patient/Patientin, Therapeut/Therapeutin, ggf. dolmetschende Person) unterzeichnet. Wenn gewünscht, darf der Patient/die Patientin diese mitnehmen zur Dokumentation der Lebensgeschichte. Alternativ wird sie sicher verwahrt. Die Therapie endet mit einer Verabschiedung und ggf. Vereinbarung eines weiteren Termins zur Nachuntersuchung (Schauer et al. 2011).

Bewertung

Für die NET liegen Wirksamkeitsnachweise aus verschiedenen Studien vor. Neben Interventionen in Krisenregionen wurde die Wirksamkeit auch bei Geflüchteten im deutschsprachigen Raum gezeigt (siehe Schauer et al. 2017). Somit ergeben sich folgende *Vorteile*:

- Die NET wurde spezifisch zur Behandlung der PTBS in Kriegs- und Krisenregionen entwickelt. Ihre Wirksamkeit wurde bei Betroffenen aus verschiedenen Kulturkreisen geprüft (vgl. Watts et al. 2013).
- Sie eignet sich vor allem für Betroffene nach multiplen traumatischen Erfahrungen, die assoziativ miteinander verknüpft sind.
- Das Verfahren ist sehr gut strukturiert, manualisiert und somit leicht erlernbar.
- Trainierte Laien können die NET ebenfalls erfolgreich einsetzen (Jacob et al. 2014). Damit ist die NET attraktiv für Länder/Settings mit geringen Ressourcen und wenig ausgebildeten Fachpersonen ebenso wie für die humanitäre Arbeit.
- Das Manual ist in verschiedene Sprachen übersetzt worden und somit für viele Kulturkreise leicht anwendbar.
- Im Sinne eines humanitären Ansatzes sind Ressourcen für die NET weitgehend frei verfügbar und es gibt ein Supervisionsangebot durch Angehörige der Nichtregierungsorganisation vivo international e. V.

Auch für die NET gibt es *Nachteile*:

- Für weniger sprachversierte Personen fehlt ein deutsches Manual (in Entwicklung).
- Ähnlich wie bei der PE werden im Gegensatz zu kognitiven Verfahren bei der NET dysfunktionale kognitive Prozesse, Bewertungen und Verhaltensweisen nicht explizit adressiert. Hier zeigt die klinische Erfahrung, dass reine Exposition häufig zu kurz greift und mit kognitiven Techniken kombiniert werden sollte.
- Die NET gehört zu den direktiveren Verfahren, in denen während der Exposition eine ganz klare Lenkung durch den Therapeuten/die Therapeutin erfolgt. Für manche könnte dies anfänglich schwierig sein.

Ressourcen

Manual (auf Englisch):
Schauer M, Neuner F, Elbert T (2011) Narrative Exposure Therapy (NET). A Short-Term Intervention for Traumatic Stress Disorders. Cambridge/Göttingen: Hogrefe & Huber Publishers.

Weiterführende Informationen (auf Deutsch):
APA-Lehrseite mit Fallbeispiele (auf Englisch): https://www.apa.org/ptsd-guideline/treatments/narrative-exposure-therapy, Zugriff am 25.02.2020.
Einbettung der NET in die Aktivitäten der NGO vivo international e. V.: www.vivo.org, Zugriff am 25.02.2020.
Schauer M, Ruf-Leuschner M (2014) Lifeline in der Narrativen Expositionstherapie. Psychotherapeut 59(3): 226–238.
Schauer M, Elbert T, Neuner F (2017) Narrative Expositionstherapie (NET) für Menschen nach Gewalt und Flucht. Ein Einblick in das Verfahren. Psychotherapeut 62(4): 306–313.
Schauer M, Elbert T, Neuner F (2018) Narrative Expositionstherapie nach Gewalt und Flucht. In: Machleidt W, Kluge U, Sieberer MG, Heinz A (Hrsg.) Praxis der interkulturellen Psychiatrie und Psychotherapie. Migration und psychische Gesundheit. München: Urban & Fischer.

10.4 Kognitive Verarbeitungstherapie (CPT)

Die CPT (König et al. 2012) orientiert sich an kognitiven Modellen der PTBS und betont die Wichtigkeit von Bewertungen zur Entstehung und Aufrechterhaltung der Symptomatik. Sie wurde ursprünglich für Überlebende sexueller Gewalt entwickelt und kam dann hauptsächlich beim US-Militär zur Anwendung.

Hintergrund

Die Grundlage der CPT besteht in der Annahme von allgemeinen Schemata, in denen Wissen über sich selbst und die Welt integriert bzw. gespeichert wird (z. B. »Die Welt ist ein gerechter Ort«). Erfahrungen im Leben können durch zwei Strategien in die bestehenden Schemata integriert werden: Assimilation und Akkommodation. Im Falle eines traumatischen Ereignisses verhindern diese beiden Strategien die funktionale Verarbeitung. Dysfunktionale Gedanken entstehen, sog. *Hängepunkte* (engl. *stuck points*) (König et al. 2012), manchmal auch *Verfestigungspunkte* genannt (vgl. Iverson und Resick 2013).

- *Assimilation:* Das traumatische Ereignis wird so interpretiert, dass das Erlebnis mit einem bestehenden Schema weiterhin vereinbar ist. Dies führt häufig zu Selbstvorwürfen (»Mir hätte klar sein müssen, dass das passiert«) oder Bemühungen um »Ungeschehenmachen« der Situation (»Es war keine Vergewaltigung«). Die Assimilation bezieht sich dabei auf die Bewertung der Vergangenheit (König et al. 2012).
- *Über-Akkommodation:* Schemata werden basierend auf der Bewertung der traumatischen Situation derart angepasst, dass das traumatische Ereignis integriert werden kann und nicht mehr im Widerspruch zum Schema steht. Problematisch ist eine sog. Über-Akkommodation: Übertriebene und übergeneralisierte negative Einschätzungen über die Welt (»Die Welt ist nirgendwo sicher«) oder sich selbst entstehen als Folge. Diese beziehen sich auf die Gegenwart und Zukunft und beinhalten Überzeugungen zu Vertrauen, Sicherheit, Macht/Kontrolle, Wertschätzung und Intimität (Galovski et al. 2015).

Eine weitere Annahme der CPT ist die Unterscheidung zwischen »natürlichen« und »gemachten« oder sekundären Gefühlen. Ersteres beschreibt Gefühlszustände, die sich unmittelbar aus dem traumatischen Ereignis ergeben (z. B. große Angst aufgrund der tatsächlichen Gefahr). Wenn diese Gefühle nicht vermieden werden, nehmen sie mit der Zeit ab. Sekundäre Gefühle entwickeln sich durch die Interpretation der traumatischen Situation aufgrund der jeweiligen Schemata (Assimilation oder Über-Akkommodation). Sie sind somit das Produkt der bewussten Auseinandersetzung über die Ursachen und Konsequenzen der traumatischen Situation und sorgen so für eine Aufrechterhaltung der Symptome (Galovski et al. 2015). Scham und Schuld sind dabei häufige sekundäre Emotionen. Die CPT zielt darauf ab, Patienten/Patientinnen in der Bewältigung natürlicher Emotionen zu unterstützen und ihre sekundären Emotionen durch kognitive Verarbeitung zu verändern.

Aufbau

Wie angeklungen, besteht die Hauptkomponente bei der CPT in der Identifikation von Hängepunkten und anschließenden Veränderung dieser maladaptiven Überzeugungen und Bewertungen. Um die zu identifizieren, verfassen Patienten/Patientinnen initial einen schriftlichen Bericht über das traumatische Ereignis als Hausaufgabe zwischen den Sitzungen. Sie werden dazu ermutigt, aufkommende Gefühle wahrzunehmen und zu spüren, aber nicht dazu aufgefordert, negative Emotionen so intensiv wie möglich zu erleben. Um die emotionale Distanz zu vereinfachen, soll der Bericht (im Gegensatz zu anderen expositionsbasierten Verfahren) in der Vergangenheitsform abgefasst werden. Die Exposition dient damit nicht vorrangig dem Zweck der Habituation. Mithilfe von Arbeitsblättern werden aufgetretene Assimilationen und Über-Akkommodation bearbeitet. Dabei fokussieren sich die unterschiedlichen Sitzungen auf Überzeugungen aus den verschiedenen o. g. Schemata. In jeder Sitzung wird ein themenspezifisches Arbeitsblatt eingeführt, dass der Patient/die Patientin Zuhause bearbeitet (Galovski et al. 2015).

ABC-Arbeitsblätter werden zur Identifikation von dysfunktionalen Gedanken und Gefühlen eingesetzt. Die Patienten/Patientinnen erarbeiten auf einem Arbeitsblatt ein auslösendes Ereignis (A – *Activating Events*), die damit zusammenhängende Überzeugung (B – *Belief*) und die sich daraus ergebende Konsequenz (C – *Consequence*).

Beispiel eines ABC-Blatts von Frau F.:

- Auslösendes Ereignis: »Ich wurde am Strand von einem Mann vergewaltigt.«
- Überzeugung: »Ich kann niemandem mehr vertrauen.«
- Konsequenz: »Ich gehe im Dunkeln nicht mehr alleine aus dem Haus.«

Zur Bearbeitung der dysfunktionalen Gedanken werden kognitive Techniken (z. B. sokratischer Dialog) angewandt. Gegen Ende der Therapie sollte der Patient/die Patientin selbstständig in der Lage sein, Hängepunkte zu identifizieren. Er/sie sollte über das notwendige »Rüstzeug« verfügen, die eigenen Überzeugungen selbstständig zu hinterfragen und zu verändern (Galovski et al. 2015).

Gemäß Manual besteht die CPT (in der Münchner Adaptation) aus 15 Sitzungen, deren Inhalte genau festgelegt sind. Die Sitzungen folgen meist einem allgemeinen Ablauf, bestehend aus einem kurzen Einstieg, der Besprechung der Übungsaufgaben der vorherigen Sitzung, Einführung neuer Aufgaben und Abschluss. Die Sitzungsinhalte sehen folgendermaßen aus (König et al. 2012):

1. Psychoedukation und Einführung
2. Einführung in die Ziele der Therapie und Hängepunkte
3. Auswirkungen & Bedeutung des traumatischen Ereignisses
4. Einführung in die ABC-Arbeitsblätter und Aufbau von Aktivitäten und Kontakten
5. Identifikation von Gedanken und Gefühlen der traumatischen Situation
6. Erinnerung an das Trauma: Besprechung der Verschriftlichung der traumatischen Situation

7. Identifikation von Hängepunkten im Narrativ
8. Formulierung und Besprechung hilfreicher Fragen zur Veränderung von Überzeugungen
9. Besprechung problematischer Denkmuster
10. Thema »Sicherheit«: Hinterfragen eigener Überzeugungen
11. Thema »Vertrauen«: Hinterfragen eigener Überzeugungen
12. Thema »Macht und Kontrolle«: Hinterfragen eigener Überzeugungen
13. Thema »Wertschätzung«: Hinterfragen eigener Überzeugungen
14. Thema: »Intimität und Selbstfürsorge«: Hinterfragen eigener Überzeugungen
15. Abschlusssitzung: Auswirkungen besprechen, Reflexion

Bewertung

Aus therapeutischer Sicht bietet die CPT eine Reihe von *Vorteilen*:

- Durch die ausführliche Manualisierung und Bereitstellung von Arbeitsblättern ist das Verfahren leicht erlernbar und gut umsetzbar.
- Für sprachversierte Therapeuten/Therapeutinnen stehen verschiedene englische Fallbeispiele und Online-Tutorials zur Verfügung.
- Die CPT ist als eine der wenigen evidenzbasierten Verfahren auch gut im Gruppensetting anwendbar.
- Manche Therapeuten/Therapeutinnen können als angenehm empfinden, dass die Exposition nicht im Vordergrund steht.

Diese Vorteile können gleichzeitig auch als *Nachteile* gesehen werden:

- Die enge Strukturierung könnte von manchen als einschränkend empfunden werden.
- Im deutschsprachigen Raum ist das Supervisions- und Fortbildungsangebot limitiert.

Ressourcen

Manual:
König J, Resick PA, Karl R, Rosner R (2012) Posttraumatische Belastungsstörung: ein Manual zur Cognitive Processing Therapy. Göttingen: Hogrefe.

Offizielle Website (auf Englisch): https://cptforptsd.com/, Zugriff am 25.02.2020.
Lehrvideos (auf Englisch): https://deploymentpsych.org/CPT-videos-main-page, Zugriff am 25.02.2020.
Online-Kurs (auf Englisch): https://cpt.musc.edu/index, Zugriff am 25.02.2020.
APA-Lehrseite mit Fallbeispielen und Manual (auf Englisch): https://www.apa.org/ptsd-guideline/treatments/cognitive-processing-therapy, Zugriff am 25.02.2020.

10.5 Eye Movement Desensitization and Reprocessing (EMDR)

Hintergrund

EMDR basiert auf dem *Adaptive Information Processing Model* (AIP-Modell) (Shapiro 2001b, 2001a): Das Modell ist eng angelehnt an Netzwerkmodelle zur Entstehung der PTBS. Es nimmt an, dass das menschliche Gehirn grundsätzlich in der Lage ist, belastende Erfahrungen adaptiv zu verarbeiten und zwar über ein angeborenes Informationsverarbeitungssystem. Bei einer PTBS ist dieses System gestört. Die traumatischen Erinnerungen werden nicht in das assoziative Netzwerk integriert, sondern bilden ein eigenes neues Netzwerk. In diesem werden sie in ihrem ursprünglichen Zustand fragmentiert abgespeichert. Damit sind sie teilweise für die Betroffenen unzugänglich, was einer adaptiven Verarbeitung im Wege steht (Böhm 2016; Shapiro 2001b, 2001a). Gemäß Shapiro sind die Erinnerungen in dieser zustandsspezifischen Form leicht durch Auslösereize (Trigger) aktivierbar. Dabei werden die ursprünglichen sensorischen Empfindungen und Wahrnehmungen ausgelöst, dies führt zu den typischen Symptomen. Da Betroffene in diesem neuen Netzwerk »gefangen« sind, ist die Loslösung von Intrusionen unmöglich (Böhm 2016). Diese dysfunktional abgespeicherten Gedächtnisinhalte führen zu maladaptiven Bewältigungsversuchen und Vermeidungsverhalten, die die Symptomatik verstärken (Hase et al. 2017; Shapiro 2001b).

Aufbau

Das Ziel von EMDR ist somit wie bei anderen Verfahren auch die Verarbeitung und Integration von traumatischen Erlebnissen und die Modifikation der damit zusammenhängenden negativen Kognitionen gegenüber der eigenen Person und des Umfeldes. EMDR unterscheidet sich dabei allerdings in zwei Aspekten wesentlich von anderen Verfahren: 1. Es wird davon ausgegangen, dass eine bilaterale Stimulation durch Augenbewegungen zur Integration der traumatischen Inhalte in das assoziative Netzwerk und somit einer Verarbeitung des traumatischen Erlebnisses führt. 2. Traumatische Erlebnisse müssen nicht zwangsweise verbalisiert oder verschriftlicht werden und dürfen »ungesagt« bleiben (Böhm 2016). Dem Standardprotokoll folgend, besteht EMDR aus insgesamt acht Phasen (inklusive Diagnostik, Vorbereitungs- und Abschlusssitzungen). Phase 3–7 beziehen sich dabei auf die eigentliche Bearbeitung des Traumas. Empfohlen werden mehrere Sitzungen pro Woche bei individuell gestaltbarer Sitzungsdauer zwischen einer Einzel- und Doppelsitzung, abhängig von der Belastung des Patienten/der Patientin (Böhm 2016; Shapiro 2013). Im Folgenden wird ein Überblick über die spezifischen Phasen von EMDR nach Manual gegeben (nach Böhm 2016; Shapiro 2013):

1. Anamnese und Planung der Behandlung:
   Hier unterscheidet sich EMDR nicht von anderen Verfahren bzw. dem allgemeinen Vorgehen zu Beginn einer Therapie.

2. Vorbereitung (Stabilisierungsphase):
   Als Vorbereitung lernen Patienten/Patientinnen Übungen, die ihnen helfen, mit belastenden Situationen umzugehen. Eigene Ressourcen werden aktiviert. Es erfolgt eine Einführung in die Theorie von EMDR und das Vorgehen. Die bilaterale Stimulation kann als »Trockenübung« ausprobiert werden. Es wird ein Stopp-Signal vereinbart.
3. Einschätzung und Bewertung der traumatischen Erfahrung (Kognitionsphase):
   Der Patient/die Patientin benennt das Ereignis mit der größten Belastung. Diese Situation wird aus verschiedenen Blickwinkeln untersucht. Gemeinsam wird ein Bild des schlimmsten Momentes erarbeitet, das intrusive Erinnerungen auslöst. Anschließend wird gemeinsam eine dazu passende negative Kognition (z. B. »Ich habe versagt«) herausgearbeitet. Diesen negativen Kognitionen wird eine positive Wunschkognition entgegengesetzt und eingeschätzt, wie stimmig sich diese anfühlt. Zusätzlich wird die Belastung erfragt (es bietet sich eine SUD-Skala an) und zuletzt die körperlichen Empfindungen.
   Das Herausarbeiten der negativen Kognition, der gewünschten positiven Kognition sowie der emotionalen und körperlichen Reaktionen könnte bei Frau F. so aussehen:

Therapeutin: Wir haben jetzt gemeinsam herausgearbeitet, dass der Moment als Sie auf dem Boden lagen und Sie nichts tun konnten, der absolut schlimmste Moment für Sie ist, der Ihnen jetzt noch sehr nahegeht. Ich möchte nun, dass Sie sich an diesen Moment erinnern. Welches Bild repräsentiert den absolut schwierigsten Moment?
Frau F.: Es ist sehr dunkel und ich erkenne fast nichts. Ich liege auf dem Bauch und sehe den Sand und Dünengras. Ich liege starr unter ihm und habe große Angst.
Therapeutin: Sehr gut. Wenn Sie sich dieses Bild nun anschauen – Sie, wie Sie erstarrt unter ihm liegen – welche Worte kommen Ihnen in den Sinn, die etwas Negatives über Sie aussagen und die jetzt wahr klingen?
Frau F.: Ich denke… ich hätte etwas tun sollen.
Therapeutin: Was sagt das über Sie aus?
Frau F.: Dass ich schwach und unfähig bin.
Therapeutin: Was würden Sie anstelle von »Ich bin schwach und unfähig« lieber von sich denken, wenn Sie dieses Bild anschauen?
Frau F.: Ich würde lieber denken: »Ich habe alles richtig gemacht in diesem Moment, ich konnte nichts anderes tun.«
Therapeutin: Sehr gut. Wenn Sie jetzt an dieses Bild denken, als wie wahr empfinden Sie den Satz »Ich habe alles richtig gemacht in diesem Moment, ich konnte nichts anderes tun?«? Sagen wir auf einer Skala von 1–7, mit 1 für »Die Aussage ist komplett falsch« und 7 »Die Aussage stimmt ganz genau«?
Frau F.: Ich würde sagen, so eine 2.
Therapeutin: Gut, eine 2. Denken Sie nun an das Bild und an die Worte »Ich bin schwach und unfähig«. Welche Gefühle verspüren Sie?
Frau F.: … Ich … Ich schäme mich so sehr. Ich fühle mich ganz klein und nicht wert auf der Welt zu sein.
Therapeutin: Wie belastet fühlen Sie sich mit diesem Gedanken? Diesmal auf einer Skala von 0–10 mit 0 für »Überhaupt keine Belastung« und 10 für »Die stärkste Belastung, die ich mir vorstellen kann«?

Frau F.: Ich würde sagen, eine 9.
Therapeutin: Gut, eine 9. Wo spüren Sie diese Belastung in Ihrem Körper?
Frau F.: Im Bauch. Wie ein Knoten.
(…)

4. *Bearbeitung (Prozessieren):*
Nach der kognitiven Phase erfolgt das affektbasierte Durcharbeiten der traumatischen Situation und der dazugehörigen erarbeiteten positiven und negativen Kognitionen sowie körperlichen Empfindungen. Emotionen werden in dieser Phase nicht benannt, um nicht weitere Erinnerungen auszulösen. Im Gegensatz zu anderen Verfahren beginnt EMDR damit direkt im belastenden Ereignis. Der Patient/die Patientin wird ermutigt, sich mittels freier Assoziation auf die traumatische Situation mit den obigen Facetten zu fokussieren und sich diese vorzustellen. Dies wird begleitet durch eine Serie bilateraler Augenbewegungen, in denen der Patient/die Patientin mit den Augen den Fingerbewegungen des Therapeuten/der Therapeutin von der einen zur anderen Gesichtshälfte folgt. Nach einer kleinen Pause im Anschluss wird dieses Vorgehen so lange wiederholt, bis sich die subjektive Belastung verringert. Der Patient/die Patientin sollte mindestens zweimal hintereinander neutrales oder positives Erleben äußern. Im Anschluss wird das Ereignis nach dem gleichen Vorgehen mit der positiven Wunschkognition verknüpft, bis sich diese stimmig anfühlt. An dieser Stelle wird deutlich, wie sich EMDR von anderen therapeutischen Verfahren unterscheidet: Der Therapeut/die Therapeutin leitet zwar den Verarbeitungsprozess und überprüft immer wieder kurz, ob dieser noch läuft, ein verbaler Einblick in die konkreten Inhalte des Geschehens findet jedoch nicht statt.

5. *Verankerung:*
Zunächst wird erfragt, wie wahr sich die positive Kognition noch anfühlt. Kann der Patient/die Patientin die positive Kognition bejahen, erfolgt die Verknüpfung der traumatischen Erinnerungen mit den gewünschten positiven Kognitionen, die vorab erarbeitet wurden. Unterstützt wird die Verknüpfung durch erneute bilaterale Stimulation. Dies wird wiederholt, bis der Patient/die Patientin auf der Skala angibt, dass sich die Aussage stimmig anfühlt. Werden weiterhin Zweifel am Wahrheitsgehalt der positiven Situation geäußert, so wird davon ausgegangen, dass weitere Inhalte bearbeitet werden müssen und Phase 4 wird wiederholt.

6. *Körpertest:*
Beim Körpertest wird durch »Hineinhorchen« in den Körper nachgespürt, ob noch Restspannung oder unangenehme Empfindungen vorliegen. Diese werden durch weitere Bearbeitung mittels Stimulation gelöst.

7. *Abschluss:*
In der Abschlussphase wird das Erlebte besprochen und es werden Entspannungsverfahren und/oder Distanzierungstechniken vermittelt. Die nächsten Schritte in der Therapie werden geplant.

8. *Überprüfung/Bewertung:*
Da davon ausgegangen wird, dass der Verarbeitungsprozess nach der Sitzung noch anhält, wird am Anfang jeder Sitzung überprüft, ob das Thema der letzten Sitzung ausreichend verarbeitet wurde und die erreichten Änderungen stabil sind, oder ob neue Inhalte aufgetaucht sind. Zu den ersten Fragen jeder Sitzung gehört deshalb

die Frage nach neuen Erinnerungen, Erkenntnissen, Ideen oder Verhaltensweisen.

Bewertung

Während für EMDR als Intervention Wirksamkeitsnachweise vorliegen (z. B. Watts et al. 2013), bleibt der spezifische Nutzen der Augenbewegungen wissenschaftlich umstritten. Eine großangelegte randomisiert-kontrollierte Studie konnte zeigen, dass der externe Aufmerksamkeitsfokus zu einer größeren Verringerung der Symptome führte. Hierbei sind Augenbewegungen jedoch genauso effektiv wie die der Blick auf eine ruhende Hand (Sack et al. 2016). Gleichzeitig ergibt eine experimentelle Untersuchung an gesunden Studierenden zum Abruf allgemeiner Gedächtnisinhalte, dass bilaterale taktile Stimulation der Handflächen im Vergleich zu bilateraler auditiver Stimulation den Abruf erleichtert (Nieuwenhuis et al. 2013). Im Therapiemanual wird empfohlen, die bilaterale Stimulation den Bedürfnissen des Patienten/der Patientin anzupassen. Es werden verschiedene Varianten vorgeschlagen (z. B. bilaterale taktile Reize durch das Antippen der Handflächen, auditive links-rechts Stimulation durch Fingerschnippen oder über Kopfhörer, visuelle Stimulation über einen Leuchtbalken) (Böhm 2016).

Aus therapeutischer Sicht ergeben sich folgende *Vorteile*:

- Auch bei EMDR handelt es sich um ein empirisch gut belegtes Verfahren mit ähnlichen Effektstärken wie für traumafokussierte KVT (Watts et al. 2013).
- EMDR wird häufig als »sanftere« Traumatherapie beschrieben, da das Erlebte zur Verarbeitung nicht verbalisiert werden muss. Vor allem im deutschsprachigen Raum erfreut sie sich deswegen einer großen Beliebtheit.
- Sie ist das einzige Verfahren, das zur leitliniengerechten Behandlung der PTBS empfohlen wird und keiner klaren Therapieschule zugeordnet werden kann.

Zu den *Nachteilen* gehören folgende Aspekte:

- Die Gründe für die Wirksamkeit sind bis heute nicht bekannt.
- Es wird häufig kritisiert, dass die Weiterbildung stark kommerzialisiert ist und eine Ausbildung/Zertifizierung entsprechend teuer.
- Somit halten sich auch die frei verfügbaren Ressourcen zu Lern- und Trainingszwecken sehr in Grenzen.
- In anderen Ländern ist das Verfahren weniger gut akzeptiert.

Ressourcen

Manual:
Böhm K (2016) EMDR in der Psychotherapie der PTBS. Berlin, Heidelberg: Springer.
Shapiro F (2012) EMDR – Grundlagen und Praxis: Handbuch zur Behandlung traumatisierter Menschen. Paderborn: Junfermann.

APA-Lehrseite mit Fallbeispielen (auf Englisch): https://www.apa.org/ptsd-guideline/treatments/eye-movement-reprocessing, Zugriff am 25.02.2020.

> **Merke**
>
> Es gibt verschiedene evidenzbasierte traumafokussierte Verfahren, die alle gut untersucht und ähnlich wirksam sind. Spezifische Verfahren können je nach therapeutischer Präferenz, persönlicher Vertrautheit und individueller Eignung für den Patienten/die Patientin ausgewählt werden.

10.6 Experimentelle Verfahren

Darüber hinaus gibt es weitere Verfahren, die neu entwickelt und sehr vielversprechend sind. Ein Beispiel ist die *Imagery Rescripting and Reprocessing Therapy* (IRRT). Im Fokus der jüngsten Forschung stehen App- oder webbasierte Behandlungen (E-Mental Health) sowie Ansätze mit Virtual Reality. Diese Verfahren werden in den aktuellen Leitlinien nicht als evidenzbasiert beschrieben und ein vollumfänglicher Wirksamkeitsnachweis steht noch aus. Sie sollen jedoch verdeutlichen, dass die Behandlung der PTBS durch innovative Neuheiten kontinuierlich angepasst und verbessert wird.

Imaginative Rescripting und Reprocessing Therapie (IRRT)

Auch die IRRT beruht auf der Annahme, dass die Inhalte des Traumagedächtnisses in Fragmenten vorliegen und nur bedingt sprachlich zugänglich sind. Letztes ist der Grund dafür, warum es sich bei der IRRT um ein vorrangig imaginatives und nichtsprachliches Verfahren handelt. Besonderheit der IRRT ist die imaginative Umschreibung des traumatischen Ereignisses (auf der sog. Inneren Bühne) zur Veränderung der damit verbundenen Emotionen, Bewertungen und Gedanken. Ziel ist dabei nicht die Veränderung der Erinnerung, sondern die Koexistenz des tatsächlich Erlebten und der imaginierten gewünschten Erinnerung. Die Behandlung ist in drei Phasen gegliedert (Schmucker und Köster 2015):

1. Exposition in sensu:
   In der ersten Phase der IRRT werden emotionale, kognitive und sensorische Inhalte des Traumagedächtnisses durch geleitetes Erinnern aktiviert. Durch Habituation tritt auch eine Linderung der Symptomatik ein. Allerdings ist die primäre Funktion der Exposition das Identifizieren dysfunktionaler Kognitionen und Schemata.
2. Aufbau von Bewältigungsbildern:
   Es werden die traumatischen Erinnerungen durch funktionale Imaginationen der Bewältigung und der Kontrolle ersetzt (rescripting and reprocessing). Die zweite Phase beginnt mit imaginativer Exposition, wobei die Exposition im belastendsten Moment der Erinnerung angehalten wird. Das überlebende Selbst des Patienten/der Patientin greift in das Geschehen ein, bewirkt einen günstigeren Aus-

gang und befreit das traumatisierte Selbst so aus der traumatischen Situation. Durch diesen Reskriptionsprozess sollen Betroffene Kontrolle und Stärke zurückerlangen.
3. Selbstberuhigungs-/Selbstfürsorge:
Diese Phase dient der Interaktion zwischen dem überlebenden Selbst und dem traumatisierten Selbst: Durch Imagination entwickeln Betroffene eine bildhafte Vorstellung, wie ihr überlebendes Selbst das traumatisierte Selbst beruhigt und unterstützt.

Obwohl vielversprechend, ist die IRRT bisher leider empirisch nicht gut untersucht (Arntz 2012).

Ressource

Manual IRT: Schmucker M, Köster R (2014) Praxishandbuch IRRT: Imagery Rescripting and Reprocessing Therapy bei Traumafolgestörungen, Angst, Depression und Trauer. Stuttgart: Klett Cotta.

Webbasierte Behandlungen

Der Bedarf an therapeutischen Interventionen zur Behandlung der PTBS ist groß. Gleichzeitig macht der digitale Wandel nicht Halt vor der Psychotherapie. Aus dieser Situation heraus entwickelten sich neuartige Therapieformen, die die klassische Face-To-Face Interaktion zwischen Patient/Patientin und Therapeut/Therapeutin auflösen und gleichzeitig eine größere Reichweite haben. Gemeint sind App- und webbasierte Verfahren und auch im Bereich Behandlung der PTBS gibt es hier einige neuartige Entwicklungen. Sie basieren meist auf kognitiv-behavioralen Ansätzen und unterscheiden sich vor allem in der Intensität des therapeutischen Kontaktes und in dem Ausmaß der Vermittlung von Psychoedukation. Ein guter Überblick ist bei Maercker et al. (2015) zu finden.
Beispielhaft wird an dieser Stelle das am besten untersuchteste Verfahren vorgestellt: *Interapy* (Lange et al. 2003; Ruwaard et al. 2012). Das Verfahren wurde in den Niederlanden entwickelt und steht mittlerweile auch auf Deutsch zur Verfügung (*Interapy-Deutsch*). Es handelt sich um eine störungsspezifische webbasierte Manualtherapie mit drei Phasen, die auch bei klassisch evidenzbasierten Verfahren zu finden sind:

1. Selbstkonfrontation
2. Kognitive Umstrukturierung
3. »Social Sharing« (andere an dem Ereignis teilhaben lassen mittels fiktiver Briefe an nahestehende Personen)

Die Therapie besteht aus Schreibaufgaben, zu denen Betroffene Rückmeldung eines Therapeuten/einer Therapeutin bekommen. Erste Wirksamkeitsnachweise aus dem deutschsprachigen Raum bestätigen dabei eine Verbesserung der Symptomatik auch zum Follow-Up Zeitpunkt nach 1,5 Jahren (Knaevelsrud und Maercker 2007, 2010).

Kürzlich wurde Interapy an der FU Berlin auf Arabisch übersetzt und kulturell angepasst. Mit *Ilajnafsy* steht somit eine webbasierte Schreibtherapie für arabischsprachige Personen zur Verfügung, die vor allem für nach Deutschland geflüchtete Personen interessant sein dürfte. Bisherige Ergebnisse stützen die Wirksamkeit und weisen auf einen Rückgang der PTBS-Symptomatik hin (Knaevelsrud et al. 2015; Wagner et al. 2012).

Ein noch niedrigschwelligeres Angebot besteht mit der kürzlich entwickelten App *ALMHAR*, die Psychoedukation zu Reaktionen nach belastenden Ereignissen und dem funktionalen Umgang damit anbietet. Sie wurde in derselben Arbeitsgruppe wie *Ilajnafsy* entwickelt und steht für geflüchtete Personen kostenlos auf Farsi, Englisch und Arabisch zur Verfügung.

Weiterführende Informationen

Allgemein
Knaevelsrud C, Wagner B, Böttche M (2016) *Online-Therapie und-Beratung: Ein Praxisleitfaden zur onlinebasierten Behandlung psychischer Störungen.* Göttingen: Hogrefe Verlag.

Homepages zu den vorgestellten Verfahren
Interapy-Deutsch: www.online-psychotherapie.uzh.ch
Ilajnafsy: www.ilajnafsy.de
ALMHAR: www.almhar.org

Virtual Reality

Nicht unerwähnt bleiben sollen erste therapeutisch-experimentelle Ansätze, die Exposition mittels Virtual Reality (VR) einsetzen. Dadurch können realitätsnahe Umgebungen und Szenarien (z. B. Stadt im Mittleren Osten) zusammen mit spezifischen Umgebungsgeräuschen, Vibrationen und sogar Gerüchen simuliert werden. Dies ermöglicht eine virtuelle Exposition »in vivo« unter kontrollierten Bedingungen. Bisher wurde der VR-Ansatz zur Behandlung der PTBS fast ausschließlich mit amerikanischen Kriegsveteranen getestet. Hier zeigen sich erste vielversprechende Befunde. Doch es ist zu erwarten, dass VR in Zukunft eine zunehmende Bedeutung in der Behandlung der PTBS einnehmen wird (Rizzo und Koenig 2017).

Weiterführende Informationen

Diemer J, Zwanzger P (2019) Die Entwicklung virtueller Realität als Expositionsverfahren. *Nervenarzt*, 90, 715–723.

> **Merke**
>
> Das Angebot an verschiedenen Therapieformen entwickelt sich ständig weiter, so dass die Behandlung Betroffener kontinuierlich ausgebaut werden kann.

11 Therapie der KPTBS

Insgesamt ist die Behandlung der KPTBS empirisch deutlich weniger gut untersucht als die der PTBS. Demzufolge gibt es bisher kaum gute randomisiert-kontrollierte Studien bezogen auf die neuen ICD-11 Kriterien und nur wenige Meta-Analysen.

Die Konsensus-Leitlinie von Experten und Expertinnen der *International Society for Traumatic Stress Studies* schlägt zur Behandlung der KPTBS ein phasenbasiertes Vorgehen vor. Dieses besteht aus einer ersten Stabilisierungsphase, an die sich eine zweite Phase der konfrontativen Traumabearbeitung anschließt. Eine Abschlussphase dient der Festigung und Reintegration in das gesellschaftliche Leben (Cloitre et al. 2012).

In der deutschen Leitlinie zur Behandlung der PTBS werden drei spezifische Verfahren aufgrund methodisch hochwertiger Einzelstudien mit Empfehlungsgrad »B« als vielversprechend für die Behandlung der KPTBS angesehen (Maercker et al. 2019): Die *dialektisch-behaviorale Therapie für PTBS*, die *kognitive Verarbeitungstherapie* und die *Skills Training in Affective and Interpersonal Regulation Narrative Therapy*. Eine kürzlich erschienene, in diesen Leitlinien noch nicht berücksichtigte Meta-Analyse fasst die Effekte von 51 randomisiert-kontrollierten Studien, die man trotz Einschränkungen für das Behandlungswissen der KPTBS heranziehen kann, zusammen: Reine expositions-basierte Verfahren, kognitiv-behaviorale Verfahren (KVT) und EMDR sind allgemein wirksam. Hinsichtlich der spezifischen Symptomcluster der KPTBS zeigen Exposition und KVT die besten Effekte zur Reduktion bei Problemen in der Symptomgruppe »negatives Selbstkonzept« und Exposition, KVT und EMDR zur Reduktion von Schwierigkeiten in zwischenmenschlichen Beziehungen. Für den Bereich Störungen der Affektregulation gibt es bisher kaum kontrollierte Studien (Karatzias et al. 2019). Im Folgenden wird die *Skills Training in Affective and Interpersonal Regulation Narrative Therapy* kurz dargestellt.

11.1 Skills Training in Affective and Interpersonal Regulation Narrative Therapy (STAIR/NT)

Das Skills-Training affektiver und interpersoneller Regulation (STAIR) in Kombination mit der Narrativen Therapie (NT) wurde ursprünglich für Frauen nach sexuellem Missbrauch in der Kindheit entwickelt. Das Manual versteht sich dabei nicht als starre Handlungsanweisung, sondern als Empfehlung, wie man Situationen umsetzen könnte. Das Verfahren besteht aus zwei Phasen.

Phase 1: STAIR

In den ersten Sitzungen der ersten Phase wird das Vertrauen zum Therapeuten/zur Therapeutin aufgebaut. Es schließen Inhalte zum Aufbau emotionaler Ressourcen an. Gewöhnlich besteht dieser Teil aus vier Sitzungen mit folgenden Inhalten (Cloitre et al 2014a; Cloitre und Schmidt 2015):

1. Einführung und therapeutische Allianz
2. Wahrnehmung von Emotionen (Identifikation und Benennung von Gefühlszuständen)
3. Regulation von Emotionen (Grundfertigkeiten auf kognitiver, körperlicher und verhaltensbezogener Ebene, Regulation und Zulassen von positiven und negativen Gefühlen)
4. Akzeptanz der auftretenden Gefühle und Belastungen (Aufbau von Stresstoleranz, Verfolgen von eigenen Zielen geleitet durch positive Gefühle)

Die Sitzungen bestehen aus einer Mischung zwischen psychoedukativen Elementen, Training der Selbstbeobachtung, Reflexion über eigene Strategien, deren Stärken und Schwächen mithilfe von Arbeitsblättern, Lernen am Modell, praktischen Übungen und Training sowie Hausaufgaben zwischen den Sitzungen. In einem ersten Schritt werden für den Patienten/die Patientin individuelle problematische Emotionen und aktuelle Bewältigungsstrategien identifiziert sowie deren langfristige Konsequenzen diskutiert. Dabei können ein Gefühlstagebuch und strukturierte Listen eingesetzt werden, um sich wiederholende Muster zu erkennen. Bereits angewandte funktionale Bewältigungsstrategien des Patienten/der Patientin können so ebenfalls identifiziert werden. Diese werden erweitert und ausgebaut. STAIR benennt drei Ebenen, auf der die Emotionsregulation stattfinden kann:

- körperliche Ebene (Veränderung durch z. B. Entspannungstechniken oder Atemübungen)
- kognitive Ebene (Veränderung durch z. B. Verlagerung der Aufmerksamkeit oder positive Imaginationen)
- behaviorale Ebene (Veränderung durch z. B. kurzzeitiges Verlassen der Situation, Aufbau alternativer Verhaltensweisen)

Die Erarbeitung neuer Strategien erfolgt dabei ressourcenorientiert und ausgehend von einer Ebene, auf der der Patient/die Patientin bereits über funktionale Skills verfügt. Das Ziel ist der Aufbau eines breiten Repertoires an Strategien auf unterschiedlichen Ebenen zur besseren Toleranz belastender Emotionen und der Möglichkeit, zielgerichtet zu agieren.

Die späteren vier Sitzungen der ersten Phase haben die durch die traumatische Erfahrung geprägten Beziehungsmuster der Betroffenen zum Inhalt. Es erfolgt ein

Aufbau sozialer Ressourcen. Im Mittelpunkt stehen hierbei die Identifikation und Modifikation von Schemata (Cloitre et al. 2014a; Cloitre und Schmidt 2015):

1. *Interpersonelle Schemata* (Verstehen von Beziehungsmustern, die durch die traumatische Erfahrung entstanden sind)
2. *Veränderung von Beziehungsmustern/Erwartungen* (Erarbeitung funktioneller Erwartungen)
3. *Handlungsfähigkeit in Beziehungen* (Aufbau von kompetentem und selbstsicherem Handeln und Selbstbehauptung)
4. *Flexibilität in Beziehungen* (Aufbau von Verhaltensalternativen in unterschiedlichen Situationen)

Zur Erarbeitung von Schemata werden Arbeitsblätter eingesetzt, auf denen folgende Aspekte reflektiert werden:

- Beschreibung der Situation
- Beschreibung der damit verbundenen Gefühle und Annahmen über sich selbst
- Beschreibung der Vermutungen, wie andere reagieren
- Beschreibung der eigenen Handlung, die aus den Annahmen resultiert

Wenn die grundlegenden interpersonellen Schemata des Patienten/der Patientin aufgedeckt wurden, werden in einem nächsten Schritt alternative und flexiblere Schemata erarbeitet. Es werden folgende Gedanken erarbeitet:

- Ziele in dieser Situation
- Beschreibung der *alternativen* Gefühle und Annahmen über sich selbst
- Beschreibung der *alternativen* Annahme über andere
- Beschreibung der *alternativen* Handlung

Zur Umsetzung der Handlung werden Rollenspiele und Lernen am imaginierten Modell eingesetzt. Mithilfe von Rollenspielen können zwischenmenschliche Situationen in einem sicheren Rahmen »geübt« und verschiedene Verhaltensweisen ausprobiert werden. Lernen am imaginierten Modell kann angewandt werden, wenn sich Betroffene nicht auf Rollenspiele einlassen möchten oder bei für Rollenspiele ungeeigneten Situationen (z. B. intime Situationen). Im Gegensatz zum Rollenspiel stellen sich hier Patienten/Patientinnen eine interpersonelle Situation vor, die sie detailliert mit ihrem Therapeuten/ihrer Therapeutin besprechen. Gezielte Fragen helfen dabei, verschiedene Verhaltensalternativen imaginativ zu erarbeiten.

Phase 2: NT

Während der Narrativen Therapie findet eine Bearbeitung der traumatischen Erfahrungen im Sinne einer abgewandelten Form der Prolongierten Exposition statt. Es werden in aufsteigender Schwierigkeit der subjektiven Machbarkeit traumatische Ereignisse identifiziert und während 1–3 Sitzungen pro Ereignis konfrontativ im

Sinne des imaginativen Nacherlebens bearbeitet, bis sich die emotionale Belastung sichtlich senkt. Dabei wird sitzungsspezifisch auf das Vorkommen bestimmter Schemata zu den Themen Angst, Scham oder Schuld geachtet. Diese werden genauer betrachtet hinsichtlich ihres adaptiven Nutzens, um im traumatischen Setting zu überleben. Anschließend werden, wie schon im STAIR Modul, alternative Schemata erarbeitet und getestet. Die Analyse interpersoneller Schemata stellt somit eine konzeptionelle Verbindung zwischen Phase 1 und Phase 2 dar (Cloitre et al. 2014a).

Wirksamkeit

Die Wirksamkeit der STAIR Narrative Therapie wurde bisher in vier randomisiert-kontrollierten klinischen Studien mit verschiedenen Stichproben getestet, dabei unter anderem bei Überlebenden von Kindesmissbrauch und komorbiden Patienten und Patientinnen (Cloitre und Schmidt 2015).

Ressourcen

Manual:
Cloitre M, Cohen LR, Koenen KC (2014a) *Sexueller Missbrauch und Misshandlung in der Kindheit. Ein Therapieprogramm zur Behandlung komplexer Traumafolgen* (Deutsche Übersetzung und Bearbeitung von Schäfer I, Schubert-Heukeshoven S und Teichert M). Göttingen: Hogrefe.

Offizielle Homepage mit Webinar (auf Englisch): http://www.stairnt.com, Zugriff am 25.02.2020.

11.2 Bemerkung zur komplexen PTBS

Aus den vorsichtig formulierten Behandlungsleitlinien wird ersichtlich, dass viele wichtige Themen zur Behandlung der KPTBS heute noch nicht gut erforscht sind. So gibt es kaum Studien mit Patienten/Patientinnen, die spezifisch nach dem neuen ICD-11 Konzept diagnostiziert wurden. Genauso bleibt bisher offen, in welchem Umfang eine Stabilisierungs-/Skillsphase der eigentlichen Exposition vorgeschaltet sein muss. Einige Studien zeigen, dass ein direkter Nutzen einer Stabilisierung nicht erkennbar ist (de Jongh et al. 2016). Schlussendlich fußt der Großteil der Therapiestudien auf Betroffenen in den USA. Personen mit Missbrauchserfahrungen im Kindesalter sowie Kriegsveteranen stellen dabei die am häufigsten untersuchte Population dar (Maercker et al. 2019). Mehr Forschung in diesen Bereichen ist essentiell, um allen Gruppen von Patienten und Patientinnen eine evidenzbasierte Behandlung bieten zu können.

> **Merke**
>
> Vermutlich wirken traumafokussierte Verfahren der PTBS auch bei der KPTBS. Je nach Symptomschwere mag eine vorangehende therapeutische Phase zum Aufbau von Ressourcen notwendig sein. Weitere Studien müssen dies empirisch absichern.

12 Therapie mit besonderen Gruppen

Wie bereits erwähnt, kann eine PTBS in jedem Lebensalter auftreten. Aus diesem Grund wird hier auf zwei besondere Altersgruppen eingegangen: Ältere Personen sowie Kinder und Jugendliche. Ein weiteres Thema, das erst in jüngster Zeit den Eintritt in die Forschungsliteratur fand, ist die Therapie mit kognitiv eingeschränkten Personen. Zum Abschluss wird auf die Hochrisikogruppe Migranten und Migrantinnen eingegangen, die aufgrund der häufigen traumatischen Erfahrungen im Herkunftsland und auf der Flucht mit besonderem Risiko einer PTBS assoziiert sind. Darüber hinaus gibt es eine Vielzahl weiterer Personengruppen (z. B. Schwangere, Angehörige des Militärs, Betroffene in der Intensivmedizin). Hier verweisen wir auf das kürzlich erschienene Buch von Maercker (2019).

12.1 Ältere Personen

Durch den demographischen Wandel wird die altersgerechte psychotherapeutische Versorgung nach Traumatisierung besonders relevant. Maercker und Zöllner (2002) berichten dabei von drei möglichen Ausprägungsformen der PTBS im Alter: eine aktuelle, eine chronische und eine verzögerte Form. Eine aktuelle PTBS entsteht aufgrund eines kürzlich stattgefundenen traumatischen Ereignisses (z. B. Überfall). Bei der chronischen Form liegen schon über einen langen Zeitraum Symptome vor, die jedoch nicht ausreichend berücksichtigt oder behandelt wurden. Bei der verzögerten Form handelt es sich um eine Traumareaktivierung, die durch spezifische Trigger in der Gegenwart (z. B. eine körperliche Untersuchung) die nicht aufgearbeitete Erfahrung in der Vergangenheit (z. B. Vergewaltigung am Ende des Weltkriegs) aufleben lässt nach jahrzehntelanger Symptomfreiheit.

Zur Diagnostik der PTBS im höheren Alter können grundsätzlich die gleichen Instrumente verwendet werden wie bei jüngeren Personen. Ein strukturiertes Vorgehen mit systematischer Erhebung der gesamten Lebensgeschichte (z. B. mit Blick auf Vertreibungs- oder Kriegserlebnisse) ist besonders zu empfehlen, da ältere Personen häufig aus Scham oder fehlendem Bewusstsein für einen Zusammenhang nicht von sich aus über die traumatischen Erfahrungen in der Vergangenheit sprechen. Ältere Menschen berichten gerne vorranging von somatischen Problemen, die eine PTBS maskieren können. Das Risiko einer rein somatischen Fehldiagnose ist somit hoch und die differenzialdiagnostische Abklärung in Zusammenarbeit mit ärztlichem Personal essentiell (Hucklenbroich et al. 2014). In jedem Fall ist die fremdanamnestische Information von Angehörigen und/oder Pflegepersonal zu berücksichtigen.

Gleichzeitig zeigen verschiedene Studien, dass eine PTBS in höherem Alter eng mit kognitiven Einschränkungen bis zur Demenz, chronischen Schmerzen und vorzeitig eintretenden Alterungsprozessen assoziiert sein kann (vgl. Augsburger und Maercker 2018). Dies erfordert einen besonderen und altersgerechten Umgang: Hinweise auf kognitive Beeinträchtigungen sollten in jedem Fall ernst genommen und diagnostisch abgeklärt werden (Hucklenbroich et al. 2014). Eine Anpassung an das kognitive Niveau der betroffenen Person ist erforderlich. Dies betrifft die Aufspaltung komplexer Themen in leicht verständliche Blöcke ebenso wie eine Reduktion der Sprechgeschwindigkeit. Auch eine altersgerechte Ausstattung der Therapieräume aufgrund verringerter Mobilität gehört dazu (Böttche et al. 2012).

In einer aktuellen Übersichtsarbeit wurden geeignete Therapieverfahren für die PTBS bei älteren Personen untersucht. Die Ergebnisse weisen darauf hin, dass traumafokussierte Verfahren, die für jüngere Personengruppen entwickelt wurden, auch bei älteren Personen wirksam sind (Dinnen et al. 2015).

> **Merke**
>
> Bei älteren Personen müssen normative von frühzeitig eintretenden Alterungsprozessen abgegrenzt werden. Der Ist-Zustand hinsichtlich Mobilität und kognitiven Fähigkeiten sollte besonders berücksichtigt werden.

12.2 Kinder und Jugendliche

Aufgrund einer anderen Symptomatik (z. B. Ausdruck des Wiedererlebens im Spiel) werden nach DSM-5 für Kinder unter sechs Jahre andere Kriterien für die Diagnose einer PTBS verwendet als bei älteren Personen. Bei jüngeren Kindern wird eine Diagnose unter Einbezug der sorgeberechtigten Person im Rahmen eines klinisch-diagnostischen Interviews gestellt. Bei älteren Kindern (ca. ab sieben Jahren) sollten die Symptome im Selbstbericht mit einem altersgerechten Verfahren ebenfalls in einem strukturierten Setting erfragt werden. Details zum diagnostischen Vorgehen und ein Überblick über kindgerechte Verfahren geben Landolt und Kollegen (Landolt 2012; Landolt und Kenardy 2015).

Die Behandlung der PTBS bei Kindern und Jugendlichen ist bisher empirisch nicht gut untersucht. Eine Meta-Analyse sowie ein ausführliches Cochrane Review empfehlen eine traumafokussierte Psychotherapie als die erste Methode der Wahl. Besonders die KVT zeigt die größten Effekte zur Symptomreduktion der PTBS (Gillies et al. 2013; Leenarts et al. 2013). Weitere Informationen zur Behandlung im deutschsprachigen Raum sind bei Landolt (2012) zu finden.

12.3 Kognitiv beeinträchtigte Personen

Das Auftreten von PTBS und die damit verbundene Notwendigkeit einer psychotherapeutischen Behandlung von kognitiv eingeschränkten Personen wurde lange Zeit vernachlässigt. Erst 2012 wurden im Rahmen des Projekts »Disability & Abuse« (http://www.disabilityandabuse.org, Zugriff am 25.02.2020) erstmalig betroffene Personen ebenso wie deren Angehörige, Mitglieder von Behörden und juristische Personen wissenschaftlich befragt. Mehr als 70 % der eingeschränkten Befragten berichteten von Missbrauchserfahrungen. Häufig sind Betroffene Überlebende sexueller Gewalt (42 %) und mehr als die Hälfte war körperlichen Misshandlungen ausgesetzt (Baladerian 2013). Diese Befunde verdeutlichen die Notwendigkeit, das Auftreten einer PTBS auch bei kognitiv eingeschränkten Personen zu berücksichtigen und zu behandeln. Dabei müssen bekannte Therapieverfahren entsprechend der kognitiven Fähigkeiten der betroffenen Person angepasst werden, so etwa im Hinblick auf das Tempo und die Komplexität in der Kommunikation. Rießbeck und Rießbeck (2018) gehen darauf im Detail ein.

Insgesamt sprechen erste Studien für die Wirksamkeit von EMDR und KVT-Verfahren zur Behandlung der PTBS bei kognitiv eingeschränkten Personen. Jedoch beruhen diese Befunde meist auf Fallberichten oder methodisch schwachen Studien. Einen Überblick über Diagnostik, Verfahren und Wirksamkeit geben Mevissen et al. (2016).

> **Merke**
>
> Bei Kindern und Jugendliche, als auch kognitiv eingeschränkten Personen muss die Komplexität an das kognitive Verständnis der betroffenen Personen angepasst werden.

12.4 Hochrisikogruppe Geflüchtete

Bei geflüchteten Personen handelt es sich um eine der Gruppen mit dem höchsten Risiko für die Entstehung einer PTBS aufgrund der vielfältigen traumatischen Erfahrungen, denen Geflüchtete nicht nur im Ursprungsland (z. B. Krieg, Verfolgung, sexuelle und körperliche Gewalt), sondern auch während der Flucht (interpersonelle Gewalt, Bootsüberfahrt, Polizeigewalt) ausgesetzt sind. Spätestens seit der großen Fluchtbewegung der letzten Jahre ist die Behandlung Geflüchteter auch in den wissenschaftlichen Fokus gerückt. So zeigt zum Beispiel eine Studie mit 57 Geflüchteten, dass die initial hohe Symptombelastung auch nach Abschluss eines Jahrs im Mittel kaum variiert (Kaltenbach et al. 2018). Dies spricht für die hohe Beteiligung sogenannter Post-Migrations-Stressoren zur Aufrechterhaltung der Traumasymptomatik, die es bei einer Therapie entsprechend zu berücksichtigen gilt. Ein unsicherer Aufenthaltsstatus, sehr ungünstige Wohn- und Lebenssituationen, Sprach- und Versorgungsbarrieren und das Gefühl, nicht willkommen zu sein, tragen insgesamt zur Aufrechterhaltung der Symptomatik bei.

Hinsichtlich der Wahl einer geeigneten Therapiemethode empfiehlt ein Überblicksartikel traumafokussierte kognitiv-verhaltenstherapeutische Verfahren (Nickerson et al. 2011). Hier ist insbesondere die bereits besprochene NET zu nennen, die sich aufgrund ihrer Fokussierung auf die gesamte Lebensgeschichte und der narrativen Struktur gut für Personen mit einer großen Anzahl an traumatischen Ereignissen eignet und deren Wirksamkeit in mehreren Studien für Personen aus Konfliktregionen bestätigt wurde (Robjant und Fazel 2010). Für therapeutisches Fachpersonal, das mit Geflüchteten arbeitet, gelten Besonderheiten zu beachten: Trauma-Symptome können kulturell anders interpretiert und eingeordnet werden, so dass sich das subjektive Störungsmodell von der westlich-orientierten Wahrnehmung unterscheiden kann. Auch die in der Kultur als angemessen wahrgenommenen Coping-Strategien unterscheiden sich, ebenso wie die draus folgende Stigmatisierung und subjektiv empfundene soziale Unterstützung. Nicht zuletzt kommt dem Konzept der »moral injury« eine besondere Bedeutung zu, der die gewollte oder ungewollte Beteiligung an Taten beschreibt, die im Widerspruch zu der eigenen Wertvorstellung steht. Von Flucht betroffene Personen können diese Verletzung der eigenen Moralvorstellung erleben (Hoffman et al. 2018), die wiederum therapeutisch aufgearbeitet werden sollte. Wenn mit Kultur- und Sprachmittlern oder Sprachmittlerinnen gearbeitet wird, empfiehlt es sich, die Zuständigkeiten und Rollen abzusprechen. Diese Personen sollten speziell geschult sein, nicht nur hinsichtlich des Vorgehens bei Diagnostik und Psychotherapie, sondern auch hinsichtlich der Übersetzung. Es muss jederzeit klar sein, wer die therapeutische Rolle in der Dreierbeziehung innehat. Eine ausführliche Darstellung zur kultursensiblen Psychotherapie ist bei Machleidt et al. (2018) zu finden.

Merke

Der kulturelle Hintergrund der betroffenen Person muss in der Therapie berücksichtigt werden.

13 Mögliche Schwierigkeiten bei der Therapie

13.1 Komorbiditäten

Aufgrund der häufig auftretenden Komorbiditäten der PTBS mit anderen Störungen sollten diese im Behandlungsplan berücksichtigt werden. Hier stellt sich die Frage, bei welcher der Störungen es sich um die Primärerkrankung handelt. In Studien wird argumentiert, dass sich nach erfolgreicher Behandlung der PTBS als Primärstörung auch Symptome komorbider Sekundärstörungen verringern. Für komorbide leichte bis mittelschwere depressive Erkrankungen konnte dies durch erste Studien bereits gezeigt werden (Gros et al. 2012; Nixon und Nearmy 2011). Bei Substanzmissbrauch sprechen die Studienergebnisse für die Vorteile einer gleichzeitigen Behandlung (van Dam et al. 2013). Komorbide Störungen sollten vorrangig behandelt werden, wenn sie die erfolgreiche Bearbeitung der traumatischen Erfahrung behindern. So sollten Betroffene mit akuten Belastungen umgehen können und z. B. Alkohol nicht als Selbstmedikation einsetzen müssen (Schäfer et al. 2019). Auch akute Suizidalität bzw. schwere Störungen in der Impulskontrolle (z. B. schwere Selbstverletzung, gegenwärtiges Hochrisikoverhalten, ausgeprägte Fremdaggressivität), akute Psychosen oder akute manische Symptome stellen gemäß Leitlinie eine relative Kontraindikation dar. Bei Vorliegen dieser Symptome sollten vor Beginn der traumafokussierten Therapie entsprechende Interventionen zur Reduktion erfolgen (Schäfer et al. 2019).

> **Merke**
>
> Je nach Art und Schwere der komorbiden Störung sollte die Behandlung parallel oder sequentiell erfolgen.

13.2 Dissoziative Tendenzen

Dissoziative Tendenzen sollten schon im Anamnesegespräch abgeklärt werden. Leichte Dissoziationen treten häufiger auf und sind meist nicht weiter besorgniserregend. Psychoedukation und ein Normalisieren der Symptome helfen, den bedrohlichen Charakter zu verringern. Auch stärkere Dissoziationen stellen keine Kontraindikation zu expositionsbasierten Ansätzen dar (Ehring 2019). Wichtig ist, kurz- und langfristig darauf zu reagieren, denn Dissoziationen stehen einer erfolgreichen Traumaverarbeitung im Weg.

Folgende Strategien empfehlen sich im kurz- bis mittelfristigen Umgang mit starken Dissoziationen, die während der Exposition auftreten (Ehlers 1999; Ehring 2019; Schauer et al. 2011):

- Ansprechen mit dem Namen
- Händeklatschen oder anderes lautes Geräusch
- Aufforderung an Patienten/Patientin, aufzustehen und herumzugehen
- Taktile Stimulation (z. B. Kneten von Igelbällen)
- Sinneseindrücke im »Hier und Jetzt« beschreiben lassen (z. B. Farbe und Aussehen des Therapieraums)

Diese Strategien helfen mittel- bis langfristig, Dissoziationen zu reduzieren (Cloitre et al. 2014a; Ehlers 1999; Ehring 2019; Foa und Rothbaum 1998; Schauer et al. 2011):

- Gefühlstagebuch zur Identifikation von Stimuli, die das dissoziative Erleben triggern und Erarbeitung von Emotionsregulationstechniken
- Exposition graduieren (z. B. geöffnete Augen, Reden in der Vergangenheit bei PE, stärkeres Kontrastieren durch den Therapeuten/die Therapeutin bei der NET)
- »Grounding«: Einsatz bestimmter Gerüche oder Gegenstände während der Exposition

> **Merke**
>
> Dissoziation stellt keine Kontraindikation zur Exposition dar, muss aber therapeutisch aufgegriffen werden.

13.3 Vermeidung der therapeutischen Auseinandersetzung mit dem Erlebten

Expositionsverfahren können initial sowohl von Patienten/Patientinnenseite, als auch aus therapeutischer Sicht als aversiv erlebt werden. Bei Patienten/Patientinnen, die kurzfristig und mehrfach hintereinander Sitzungen absagen oder nicht erscheinen, kann es sich um Vermeidungsverhalten als Teil der klinischen Symptomatik handeln. Hier ist es wichtig, verständnisvoll am »Ball zu bleiben« und sich aktiv um den Kontakt zu bemühen. Patienten/Patientinnen sollten ermutigt werden, die Behandlung fortzusetzen. Eine erneute Erklärung des Rationals und eine Normalisierung der Symptome sind essentiell (▶ Kap. 9.1). Befürchtungen sollten exploriert und aufgelöst werden. Betroffene müssen darauf vorbereitet sein, dass eine Exposition kurzfristig mit einer initialen Verschlimmerung der Symptomatik einhergeht. Gegebenenfalls kann auch die Intensität des Nacherlebens angepasst werden (siehe unten).

13.4 Vermeidung in der Exposition

Auch während der Exposition tritt häufig Vermeidungsverhalten auf. Dies zu erkennen, ist vor allem in den Verfahren wichtig, die auf häufigere Exposition mit dem Ziel der Habituation abzielen. Indikatoren für steigende Belastung/Erregung sind eine schnellere Sprache, weniger Details oder sprunghafte nicht mehr konsistente Erzählungen. Auch die Einschätzung der subjektiven Belastung (SUD-Skala) hilft bei der Bewertung. Bei der NET kann der Therapeuten/der Therapeutin eine »Sprunghaftigkeit« durch bessere Strukturierung und Verlangsamung des Erzählflusses verringern. Gezielte Fragen zu Details helfen, das Nacherleben zu fördern.

Wenn Betroffene das Nacherleben als zu aversiv erleben, ist ein graduierteres Vorgehen sehr sinnvoll. Bei Verfahren wie PE und kognitiver Therapie bietet es sich an, die Augen offen zu halten. Manchen Betroffenen hilft es, das Erlebte aufzuschreiben statt es zu erzählen. Bei in-vivo Expositionen können vertraute Personen die Betroffenen unterstützen (Ehlers 1999) – siehe auch obige Abschnitte.

In manchen Fällen haben Patienten/Patientinnen die Befürchtung, ihr Therapeut/ihre Therapeutin könne mit der Furchtbarkeit der Situation nicht umgehen und sie dürften deswegen keine Details berichten. Hier sollten Therapeuten/Therapeutinnen noch einmal vermitteln, dass sie wissen, was auf sie zukommt und sie dafür da sind, diese Erfahrungen und Leiden gemeinsam zu überwinden (Schauer et al. 2011).

13.5 Geringe Lebhaftigkeit während der Exposition

Gemäß lerntheoretischen Überlegungen muss intensive Furcht erlebt werden, bevor sie sich verringern kann. Wenn Patienten/Patientinnen während des imaginativen Nacherlebens erstaunlich ruhig, entspannt oder sehr wenig belastet wirken, kann es sein, dass sie emotional nicht mit ihrem Erlebnis in Kontakt sind. Eine Exposition wird dann nicht erfolgreich sein. Oft handelt es sich hierbei um eine Variante von Vermeidung. In diesem Fall ist erneute Psychoedukation und die Klärung des therapeutischen Rationals hilfreich. Weiterhin ist es wichtig, Befürchtungen zu explorieren und modifizieren, die mit der Exposition in Verbindung stehen könnten (z. B. »Ich habe Angst, verrückt zu werden und die Kontrolle zu verlieren«). Während der

Exposition können Therapeuten/Therapeutinnen die Intensität des Nacherlebens durch entsprechende Fragen steuern bzw. strukturieren. In der NET beispielsweise helfen Fragen zu Details wie spezifische sensorische Empfindungen sowie Feedback zu beobachtbaren Reaktionen (z. B. »Ich sehe, Ihre Hände zittern gerade. War das damals auch so?«), Wahrnehmungen bewusster zu machen und die Intensität zu fördern.

> **Merke**
>
> Vermeidungsverhalten ist inhärenter Bestandteil der Symptomatik und in der Behandlung zu erwarten. Entsprechend sollten Strategien zur Reduktion eingesetzt werden.

13.6 Reale Schuld

Nicht selten ist ein Patient/eine Patientin auch Täter/Täterin (z. B. bei einem Verkehrsunfall mit Todesfolge). Wenn Betroffene reale Schuld an einem Ereignis tragen, liegt der Schwerpunkt der therapeutischen Arbeit in der Integration dieser Verantwortung in das Selbstkonzept und in der Verringerung einer negativen Übergeneralisierung (z. B. »Ich werde zu Recht von allen verachtet, ich bin ein schlechter Mensch«). Es können ähnliche kognitive Techniken angewandt werden (z. B. Tortendiagramm) wie bei allgemein auftretenden Scham- und Schuldgefühlen mit dem Ziel, den Anteil der persönlichen Verantwortung in den Kontext aller Faktoren und allgemeinen Umstände zu stellen (vgl. Ehlers 1999).

> **Merke**
>
> Auch bei realer Schuld können kognitive Techniken in abgewandelter Form eingesetzt werden.

13.7 Eigene Psychohygiene/Selbstfürsorge

Traumatherapie und besonders expositionsbasierte Verfahren können mit großer emotionaler Belastung für den Therapeuten/die Therapeutin einhergehen. Schilderungen traumatischer Situationen sind notwendigerweise emotionsgeladen und grauenvoll, haben manchmal bizarren Charakter und können sadistische Facetten beinhalten (Maercker 2019). Es kann vorkommen, dass der Therapeut/die Therapeutin versucht, sich vor den Erzählungen der grausamen Erfahrungen zu schützen und unbewusst mit dem Patienten/der Patientin gemeinsam vermeidet. Schauer et al. (2011) nennen zwei Tendenzen, die auftreten können:

- *Fraternität der Ungläubigen:* Dies bezeichnet die Weigerung, den eigenen tiefverwurzelten Glauben aufzugeben, dass alle Menschen von Natur aus gut sind und die Welt ein sicherer Ort ist. Dies ist der Versuch, selber verspürte kognitive Dissonanz abzubauen. Die Tendenz führt zu Abwertung und Bagatellisierung des Patienten/der Patientin bzw. seines/ihres Erlebnisses. Natürlich bestärkt diese Haltung aufseiten der betroffenen Person die Angst davor, sich niemandem öffnen zu können.
- *Trauerfalle:* Hiermit ist gemeint, dass Therapeuten/Therapeutinnen sich mit Betroffenen überidentifizieren. Die Folge ist großes Mitgefühl anstatt professioneller Empathie. Diese Haltung führt häufig zu Überengagement, das die wahrgenommene Hilflosigkeit aufseiten des Patienten/der Patientin bestärkt (Maercker 2019).

Zwischen diesen beiden Extrempositionen herrscht auf Therapeuten/Therapeutinnenseite meist große Verunsicherung und Angst im Umgang mit belasteten Personen. Regelmäßige Supervision hilft, diese ungünstigen Tendenzen frühzeitig zu erkennen und professionell entgegenzuwirken.

Therapeuten/Therapeutinnen sollten ihre eigene Belastungsgrenze (auch vor dem Hintergrund eigener Erlebnisse) reflektieren und sich dieser bewusst sein, bevor sie mit der Traumatherapie beginnen. Neben der Akzeptanz der eigenen Grenze und Reaktionen auf belastende Erzählungen unterstützen eine gute Arbeitsorganisation (z. B. aktive Entspannung, nicht ausschließlich Traumatherapie im therapeutischen Alltag), eine klare Trennung zwischen Beruf und Freizeit sowie eine grundsätzliche Anerkennung des »Bösen« in der Welt als Lebenseinstellung (Maercker 2019).

> **Merke**
>
> Für eine professionelle Traumatherapie sind Selbstreflexion und das Kennen der eigenen Grenzen essentiell.

14 Fazit

Bei PTBS und KPTBS handelt es sich um schwerwiegende psychische Erkrankungen mit einem großen Leidensdruck für die Betroffenen. Beide Störungsbilder setzen das Überleben eines traumatischen Ereignisses zur Diagnosestellung voraus. Mit jeder Aktualisierung der Klassifikationssysteme ändert sich auch das Verständnis der PTBS. Allen Definitionen gemein ist jedoch der Fokus auf die drei Hauptsymptomgruppen, die in klinisch bedeutsamem Maße vorhanden sein müssen: Wiedererleben, Vermeidung und Übererregung.

Zur Behandlung der PTBS stehen verschiedene bewährte traumafokussierte und empirisch gut untersuchte Therapiemethoden zur Verfügung. Die Verfahren legen dabei unterschiedliche Schwerpunkte. Ihnen allen gemein ist eine Auseinandersetzung mit dem traumatischen Ereignis und seinen Folgen. Empirisch am besten untersucht sind bisher die Prolongierte Exposition sowie die kognitive Therapie der PTBS. Bei der KPTBS geht man davon aus, dass die gleichen Interventionen wie bei der PTBS in erweiterter Form wirksam sind. Hier fehlen bisher hochwertige Meta-Studien zur empirischen Absicherung. Zusätzlich wurden in den letzten Jahren viele vielversprechende neue Ansätze entwickelt, die technische Entwicklungen integrieren (z. B. Apps, Online-Therapie, Virtual Reality). Gegenwärtig stattfindenden Evaluationen werden zeigen, wie wirksam diese neuen Verfahren sind. Therapeuten und Therapeutinnen werden bei der Behandlung der PTBS mit aversiven Details grausamer Erlebnisse konfrontiert. Zur professionellen Durchführung der Therapie ist eine Auseinandersetzung mit den eigenen Grenzen und Ressourcen sowie der Umgang mit belastenden Reaktionen auch auf Seite der Therapeuten/Therapeutinnen unabdingbar.

Literatur

Aakvaag HF, Thoresen S, Wentzel-Larsen T, Dyb G, Røysamb E, Olff M (2016) Broken and guilty since it happened: A population study of trauma-related shame and guilt after violence and sexual abuse. Journal of Affective Disorders 204: 16–23. doi: 10.1016/j.jad.2016.06.004.

Alonso J, Ferrer M, Romera B, Vilagut G, Angermeyer M, Bernert S, Brugha TS, Taub N, McColgen Z, de Girolamo G, Polidori G, Mazzi F, De Graaf R, Vollebergh WA, Buist-Bowman MA, Demyttenaere K, Gasquet I, Haro JM, Palacín C, Autonell J, Katz SJ, Kessler RC, Kovess V, Lépine JP, Arbabzadeh-Bouchez S, Ormel J, Bruffaerts R (2002) The European Study of the Epidemiology of Mental Disorders (ESEMeD/MHEDEA 2000) project: rationale and methods. International journal of methods in psychiatric research, 11(2), 55–67.

American Psychiatric Association (2015) Diagnostisches und Statistisches Manual Psychischer Störungen DSM-5. Göttingen: Hogrefe Verlag.

APA (American Psychological Association) (2017) Clinical Practice Guideline for the Treatment of Posttraumatic Stress Disorder (PTSD) in Adults. doi: 10.1037/e501872017-001.

Andrews B, Brewin CR, Philpott R, Stewart L (2007) Delayed-onset posttraumatic stress disorder: A systematic review of the evidence. American Journal of Psychiatry 164(9): 1319–1326. doi: 10.1176/appi.ajp.2007.06091491.

Andrews B, Brewin CR, Rose S, Kirk M (2000) Predicting PTSD symptoms in victims of violent crime: The role of shame, anger, and childhood abuse. Journal of Abnormal Psychology 109 (1): 69–73. doi: 10.1037/0021-843X.109.1.69.

Arntz A (2012) Imagery Rescripting as a Therapeutic Technique: Review of Clinical Trials, Basic Studies, and Research Agenda. Journal of Experimental Psychopathology 3(2): 189–208. doi: 10.5127/jep.024211.

Augsburger M, Maercker A (2018a) Spezifisch belastungsbezogene psychische Störungen im neuen ICD-11: Ein Überblick]. Fortschritte Der Neurologie Psychiatrie 86: 156–162.

Augsburger M, Maercker A (2018b) Trauma und Alter. In: Schellong J, Epple F, Weidner K (Eds.) Praxisbuch Psychotraumatologie. Stuttgart: Georg Thieme Verlag, S. 204–208.

Augsburger M, Maercker A (2020) Associations between trauma exposure, PTSD and aggression perpetrated by women. A meta-analysis. Clinical Psychology: Science and Practice. doi: 10.1111/cpsp.12322.

Baladerian NJ (2013) Abuse of People with Disabilities. Victims and Their Families Speak Out. A Report on the 2012 National Survey on Abuse of People with Disabilities [A Report on the 2012 National Survey on Abuse of People with Disabilities]. http://www.disabilityandabuse.org/survey/survey-report.pdf, Zugriff am 26.02.2020.

Barbano AC, van der Mei WF, Bryant RA, Delahanty DL, DeRoon-Cassini TA, Matsuoka YJ, Olff M, Qi W, Ratanatharathorn A, Schnyder U, Seedat S, Kessler RC, Koenen KC, Shalev AY (2018) Clinical implications of the proposed ICD-11 PTSD diagnostic criteria. Psychological Medicine (May): 1–8. doi: 10.1017/S0033291718001101.

Beesdo-Baum K, Zaudig M, Wittchen HU (2018) Strukturiertes Klinisches Interview für DSM-5-Störungen – Klinische Version. Deutsche Bearbeitung des Structured Clinical Interview for DSM-® Disorders – Clinician Version von Michael B First, Janet BW Williams, Rhonda S Karg, Robert L Spitzer. Göttingen: Hogrefe Verlag.

Bengel J, Frommberger U, Helmerichs J, Barth J (2003) Belastungsreaktionen bei Einsatzkräften der Zugkatastrophe von Eschede. Notfall & Rettungsmedizin 6(5): 318–325. doi: 10.1007/s10049-003-0562-5.

Bisson JI, Roberts NP, Andrew M, Cooper R, Lewis C (2013) Psychological therapies for chronic post-traumatic stress disorder (PTSD) in adults. Cochrane Database of Systematic Reviews. doi: 10.1002/14651858.CD003388.pub4.

Blevins CA, Weathers FW, Davis MT, Witte TK, Domino JL (2015) The Posttraumatic Stress Disorder Checklist for DSM-5 (PCL-5): Development and Initial Psychometric Evaluation. Journal of Traumatic Stress 28(6): 489–498. doi: 10.1002/jts.22059.

Böhm K (2016) EMDR in der Psychotherapie der PTBS. doi: 10.1007/978-3-662-47893-6.

Böttche M, Kuwert P, Knaevelsrud C (2012) Posttraumatic stress disorder in older adults: An overview of characteristics and treatment approaches. International Journal of Geriatric : Psychiatry 27(3), 230–239. doi: 10.1002/gps.2725.

Bovin MJ, Marx BP, Weathers FW, Gallagher MW, Rodriguez P, Schnurr PP, Keane TM (2016) Psychometric properties of the PTSD checklist for diagnostic and statistical manual of mental disorders-fifth edition (PCL-5) in veterans. Psychological Assessment 28(11): 1379–1391. doi: 10.1037/pas0000254.

Bremner JD (2006) Traumatic stress: Effects on the brain. Dialogues in Clinical Neuroscience 8 (4): 445–461.

Brewin CR (2014) Episodic memory, perceptual memory, and their interaction: Foundations for a theory of posttraumatic stress disorder. Psychological Bulletin 140(1): 69–97. doi: 10.1037/a0033722.

Brewin CR, Andrews B, Valentine JD (2000) Meta-analysis of risk factors for posttraumatic stress disorder in trauma-exposed adults. Journal of Consulting and Clinical Psychology 68(5): 748–766. doi: 10.1037/0022-006X.68.5.748.

Brewin CR, Cloitre M, Hyland P, Shevlin M, Maercker A, Bryant RA, Humayun A, Jones LM, Kagee A, Rousseau C, Somasundaram D, Suzuki Y, Wessely S, van Ommeren M, Reed GM (2017) A review of current evidence regarding the ICD-11 proposals for diagnosing PTSD and complex PTSD. Clinical Psychology Review 58: 1–15. doi: 10.1016/j.cpr.2017.09.001.

Brewin CR, Dalgleish T, Joseph S (1996) A dual representation theory of posttraumatic stress disorder. Psychological Review 103(4): 670–686. doi: 10.1037/0033-295X.103.4.670.

Brewin CR, Gregory JD, Lipton M, Burgess N (2010) Intrusive Images in Psychological Disorders: Characteristics, Neural Mechanisms, and Treatment Implications. Psychological Review 117(1): 210–232. doi: 10.1037/a0018113.

Brown LA, Zandberg LJ, Foa EB (2019) Mechanisms of change in prolonged exposure therapy for PTSD: Implications for clinical practice. Journal of Psychotherapy Integration 29(1): 6–14. doi: 10.1037/int0000109.

Burri A, Maercker A (2014) Differences in prevalence rates of PTSD in various European countries explained by war exposure, other trauma and cultural value orientation. BMC Research Notes 7(1). doi: 10.1186/1756-0500-7-407.

Chentsova-Dutton YE, Maercker A (2019) Cultural scripts of traumatic stress: Outline, illustrations, and research opportunities. Frontiers in Psychology. 10,2528. doi: 10.3389/fpsyg.2019.02528.

Cloitre M, Courtois CA, Ford JD, Green BL, Alexander P, Briere J, Herman, JL, Lanius R, Pearlman L A, Stolbach B, Spinazzola J, van der Kolk B, van der Hart O (2012) The ISTSS Expert Consensus Treatment Guidelines For Complex PTSD In Adults ISTSS Expert Consensus Treatment Guidelines for Complex PTSD in Adults. https://www.istss.org/ISTSS_Main/media/Documents/ISTSS-Expert-Concesnsus-Guidelines-for-Complex-PTSD-Updated-060315.pdf, Zugriff am 26.02.2020.

Cloitre M, Cohen LR, Koenen KC, Schäfer I (2014a) Sexueller Missbrauch und Misshandlung in der Kindheit: Ein Therapieprogramm zur Behandlung komplexer Traumafolgen. Göttingen: Hogrefe.

Cloitre M, Garvert DW, Weiss B, Carlson EB, Bryant RA (2014b) Distinguishing PTSD, complex PTSD, and borderline personality disorder: A latent class analysis. European Journal of Psychotraumatology 5. doi: 10.3402/ejpt.v5.25097.

Cloitre M, Schmidt JA (2015) STAIR Narrative Therapy. In: Schnyder U, Cloitre M (Eds.) Evidence Based Treatments for Trauma-Related Psychological Disorders: A Practical Guide for Clinicians. Berlin, Heidelberg: Springer, S. 277–297.

Cloitre M, Shevlin M, Brewin CR, Bisson JI, Roberts NP, Maercker A, Karatzias T, Hyland P (2018) The International Trauma Questionnaire: Development of a self-report measure of ICD-11 PTSD and complex PTSD. Acta Psychiatrica Scandinavica. doi: 10.1111/acps.12956.

Cusack K, Jonas DE, Forneris CA, Wines C, Sonis J, Middleton JC, Feltner C, Brownley KA, Olmsted KR, Greenblatt A, Weil A, Gaynes BN (2016) Psychological treatments for adults with posttraumatic stress disorder: A systematic review and meta-analysis. Clinical Psychology Review 43: 128–141. doi: 10.1016/j.cpr.2015.10.003.

De Jong JTVM, Komproe IH, Spinazzola J, van der Kolk BA, Van Ommeren MH (2005) DESNOS in three postconflict settings: Assessing cross-cultural construct equivalence. Journal of Traumatic Stress 18(1): 13–21. doi: 10.1002/jts.20005.

De Jongh A, Resick PA, Zoellner LA, Van Minnen A, Lee CW, Monson CM, Foa EB, Wheeler K, Broeke ET, Feeny N, Rauch SA, Chard KM, Mueser KT, Sloan DM, van der Gaag M, Rothbaum BO, Neuner F, de Roos C, Hehenkamp LM, Rosner R, Bicanic IAE (2016) CRITICAL ANALYSIS of the CURRENT TREATMENT GUIDELINES for COMPLEX PTSD in ADULTS. Depression and Anxiety 33(5): 359–369. doi: 10.1002/da.22469.

Dinnen S, Simiola V, Cook JM (2015) Post-traumatic stress disorder in older adults: A systematic review of the psychotherapy treatment literature. Aging & Mental Health 19(2): 144–150. doi: 10.1080/13607863.2014.920299.

Ehlers A (1999) Posttraumatische Belastungsstörung. Göttingen: Hogrefe, Verlag für Psychologie.

Ehlers A, Clark DM (2000) A cognitive model of posttraumatic stress disorder. Behaviour Research and Therapy 38: 319–345. doi: S0005-7967(99)00123-0 [pii].

Ehlers A, Grey N, Wild J, Stott R, Liness S, Deale A, … Clark DM (2013) Implementation of Cognitive Therapy for PTSD in routine clinical care: Effectiveness and moderators of outcome in a consecutive sample. Behaviour Research and Therapy 51(11): 742–752. doi: 10.1016/j.brat.2013.08.006.

Ehlers A, Maercker A, Boos A (2000) Posttraumatic stress disorder following political imprisonment: The role of mental defeat, alienation, and perceived permanent change. Journal of Abnormal Psychology 109(1): 45–55. doi: 10.1037/0021-843X.109.1.45.

Ehring T (2019) Kognitive Verhaltenstherapie. In: Maercker A (Hrsg.) Traumafolgestörungen. Berlin, Heidelberg: Springer, S. 249–274.

Ehring T, Welboren R, Morina N, Wicherts JM, Freitag J, Emmelkamp PMG (2014) Meta-analysis of psychological treatments for posttraumatic stress disorder in adult survivors of childhood abuse. Clinical Psychology Review 34(8): 645–657. doi: 10.1016/j.cpr.2014.10.004.

Fairbrother N, Rachman S (2004) Feelings of mental pollution subsequent to sexual assault. Behaviour Research and Therapy 42(2): 173–189. doi: 10.1016/S0005-7967(03)00108-6.

Filipp SH, Aymanns P (2018) Kritische Lebensereignisse und Lebenskrisen: Vom Umgang mit den Schattenseiten des Lebens. 2. Aufl. Stuttgart: Verlag W. Kohlhammer.

Foa EB, Hembree EA, Rothbaum BO (2014) Handbuch der prolongierten Exposition: Basiskonzepte und Anwendung; eine Anleitung für Therapeuten. Lichtenau/Westfalen: Probst.

Foa EB, Kozak MJ (1986) Emotional Processing of Fear. Exposure to Corrective Information. Psychological Bulletin 99(1): 20–35. doi: 10.1037/0033-2909.99.1.20.

Foa EB, Rothbaum BO (1998) Treating the trauma of rape: Cognitive-behavioral therapy for PTSD. New York: Guilford Press.

Gäbel U, Ruf M, Schauer M, Odenwald M, Neuner F (2006) Prävalenz der Posttraumatischen Belastungsstörung (PTSD) und Möglichkeiten der Ermittlung in der Asylverfahrenspraxis. Zeitschrift für Klinische Psychologie und Psychotherapie 35(1): 12–20. doi: 10.1026/1616-3443.35.1.12.

Galovski TE, Schuster Wachen J, Chard KM, Monson CM, Resick PA (2015) Cognitive Processing Therapy. In: Schnyder U, Cloitre M (Eds.) Evidence Based Treatments for Trauma-Related Psychological Disorders, pp. 189–203.

Gerger H, Munder T, Gemperli A, Nüesch E, Trelle S, Jüni P, Barth J (2014) Integrating fragmented evidence by network meta-analysis: Relative effectiveness of psychological interventions for adults with post-traumatic stress disorder. Psychological Medicine 44(15): 3151–3164. doi: 10.1017/S0033291714000853.

Gilbert P (2000) The relationship of shame, social anxiety and depression: The role of the evaluation of social rank. Clinical Psychology & Psychotherapy 7(3): 174–189. doi: 10.1002/1099-0879(200007)7:3<174::AID-CPP236>3.0.CO;2-U.

Gillies D, Taylor F, Gray C, O'Brien L, D'Abrew N (2013) Psychological therapies for the treatment of post-traumatic stress disorder in children and adolescents (Review). Evidence-Based Child Health: A Cochrane Review Journal 8(3): 1004–1116. doi: 10.1002/ebch.1916.

Gray MJ, Litz BT, Hsu JL, Lombardo TW (2004) Psychometric Properties of the Life Events Checklist. Assessment 11(4): 330–341. doi: 10.1177/1073191104269954.

Gros DF, Price M, Strachan M, Yuen EK, Milanak ME, Acierno R (2012) Behavioral Activation and Therapeutic Exposure: An Investigation of Relative Symptom Changes in PTSD and Depression During the Course of Integrated Behavioral Activation, Situational Exposure, and Imaginal Exposure Techniques. Behavior Modification 36(4): 580–599. doi: 10.1177/0145445512448097.

Hansen M, Hyland P, Karstoft KI, Vaegter HB, Bramsen RH, Nielsen ABS, Armour C, Andersen SB, Høybye MT, Larsen SK, Andersen TE (2017) Does size really matter? A multisite study assessing the latent structure of the proposed ICD-11 and DSM-5 diagnostic criteria for PTSD. European Journal of Psychotraumatology 8(sup7), 1398002. doi: 10.1080/20008198.2017.1398002.

Hase M, Balmaceda UM, Ostacoli L, Liebermann P, Hofmann A (2017) The AIP Model of EMDR Therapy and Pathogenic Memories. Frontiers in Psychology 8. doi: 10.3389/fpsyg.2017.01578.

Hecker T, Maercker A (2015) Komplexe posttraumatische Belastungsstörung nach ICD-11: Beschreibung des Diagnosevorschlags und Abgrenzung zur klassischen posttraumatischen Belastungsstörung. Psychotherapeut 60(6): 547–562. doi: 10.1007/s00278-015-0066-z.

Herman JL (1992) Complex PTSD: A syndrome in survivors of prolonged and repeated trauma. Journal of Traumatic Stress 5(3): 377–391. doi: 10.1007/BF00977235.

Hoffman J, Liddell B, Bryant RA, Nickerson A (2018) The relationship between moral injury appraisals, trauma exposure, and mental health in refugees. Depression and Anxiety 35(11): 1030–1039. doi: 10.1002/da.22787.

Hoyer J, Ruhl U, Scholz D, Wittchen HU (2006) Patients' feedback after computer-assisted diagnostic interviews for mental disorders. Psychotherapy Research 16(3): 357–363. doi: 10.1080/10503300500485540.

Hucklenbroich K, Burgmer M, Heuft G (2014) Psychische Folgen von früheren und akuten Traumatisierungen bei Älteren: Klinische Präsentation, Diagnostik und Therapie. Zeitschrift Für Gerontologie Und Geriatrie 47(3): 202–208. doi: 10.1007/s00391-014-0625-x.

Hyland P, Brewin CR, Maercker A (2017a) Predictive Validity of ICD-11 PTSD as Measured by the Impact of Event Scale-Revised: A 15-Year Prospective Study of Political Prisoners: ICD-11 PTSD and the Impact of Event Scale-Revised. Journal of Traumatic Stress 30(2): 125–132. doi: 10.1002/jts.22171.

Hyland P, Shevlin M, Brewin CR, Cloitre M, Downes AJ, Jumbe S, Karatzias T, Bisson JI, Roberts NP (2017b) Validation of post-traumatic stress disorder (PTSD) and complex PTSD using the International Trauma Questionnaire. Acta Psychiatrica Scandinavica 136(3): 313–322. doi: 10.1111/acps.12771.

Hyland P, Shevlin M, Fyvie C, Karatzias T (2018) Posttraumatic Stress Disorder and Complex Posttraumatic Stress Disorder in DSM-5 and ICD-11: Clinical and Behavioral Correlates: Correlates of PTSD and CPTSD. Journal of Traumatic Stress 31(2): 174–180. doi: 10.1002/jts.22272.

Iverson KM, Resick PA (2013) Kognitive Verarbeitungstherapie für Opfer sexuellen Missbrauchs und andere Traumata. In: Maercker A (Hrsg.) Posttraumatische Belastungsstörungen. Berlin, Heidelberg: Springer. S. 419–440.

Jacob N, Neuner F, Maedl A, Schaal S, Elbert T (2014) Dissemination of psychotherapy for trauma spectrum disorders in postconflict settings: A randomized controlled trial in Rwanda. Psychotherapy and Psychosomatics 83(6): 354–363. doi: 10.1159/000365114.

Janet P (1889) L'automatisme psychologique: essai de psychologie expérimentale sur les formes inférieures de l'activité humaine. doi: 10.1522/cla.jap.aut. Paris: Félix Alcan. https://archive.org/details/lautomatismepsyc00jane/page/2, Zugriff am 26.02.2020.

Kaltenbach E, Schauer M, Hermenau K, Elbert T, Schalinski I (2018) Course of Mental Health in Refugees—A One Year Panel Survey. Frontiers in Psychiatry 9. doi: 10.3389/fpsyt.2018.00352.

Karatzias T, Murphy P, Cloitre M, Bisson J, Roberts N, Shevlin M, Hyland P, Maercker A, Ben-Ezra M, Coventry P, Mason-Roberts S, Bradley A, Hutton P (2019) Psychological interventions for ICD-11 complex PTSD symptoms: Systematic review and meta-analysis. Psychological Medicine 1–15. doi: 10.1017/S0033291719000436.

Karatzias T, Shevlin M, Fyvie C, Hyland P, Efthymiadou E, Wilson D, Roberts N, Bisson JI, Brewin CR, Cloitre M (2016) An initial psychometric assessment of an ICD-11 based measure of PTSD and complex PTSD (ICD-TQ): Evidence of construct validity. Journal of Anxiety Disorders 44: 73–79. doi: 10.1016/j.janxdis.2016.10.009.

Karl A, Schaefer M, Malta L, Dorfel D, Rohleder N, Werner A (2006) A meta-analysis of structural brain abnormalities in PTSD. Neuroscience & Biobehavioral Reviews 30(7): 1004–1031. doi: 10.1016/j.neubiorev.2006.03.004.

Kaysen D, Rosen G, Bowman M, Resick PA (2010) Duration of Exposure and the Dose-Response Model of PTSD. Journal of Interpersonal Violence 25(1): 63–74. doi: 10.1177/0886260508329131.

Kessler RC (1995) Posttraumatic Stress Disorder in the National Comorbidity Survey. Archives of General Psychiatry 52(12): 1048. doi: 10.1001/archpsyc.1995.03950240066012.

Knaevelsrud C, Bering R, Rau H (2019) Diagnostik der Posttraumatischen Belastungsstörung. In: Schäfer I, Gast U, Hofmann A, Knaevelsrud C, Lampe A, Liebermann P, Lotzin A, Maercker A, Rosner R, Wöller W (Hrsg.) S3-Leitlinie Posttraumatische Belastungsstörung. Berlin, Heidelberg: Springer. S. 16–23.

Knaevelsrud C, Brand J, Lange A, Ruwaard J, Wagner B (2015) Web-Based Psychotherapy for Posttraumatic Stress Disorder in War-Traumatized Arab Patients: Randomized Controlled Trial. Journal of Medical Internet Research 17(3): e71. doi: 10.2196/jmir.3582.

Knaevelsrud C, Maercker A (2007) Internet-based treatment for PTSD reduces distress and facilitates the development of a strong therapeutic alliance: A randomized controlled clinical trial. BMC Psychiatry 7(1). doi: 10.1186/1471-244X-7-13.

Knaevelsrud C, Maercker A (2010) Long-Term Effects of an Internet-Based Treatment for Posttraumatic Stress. Cognitive Behaviour Therapy 39(1): 72–77. doi: 10.1080/16506070902999935.

Koenen KC, Ratanatharathorn A, Ng L, McLaughlin KA, Bromet EJ, Stein DJ, Karam EG, Meron Ruscio A, Benjet C, Scott K, Atwoli L, Petukhova M, Lim CCW, Aguilar-Gaxiola S, Al-Hamzawi A, Alonso J, Bunting B, Ciutan M, de Girolamo G, Degenhardt L, Gureje O, Haro JM, Huang Y, Kawakami N, Lee S, Navarro-Mateu F, Pennell BE, Piazza M, Sampson N, Ten Have M, Torres Y, Viana MC, Williams D, Xavier M, Kessler RC1 (2017) Posttraumatic stress disorder in the World Mental Health Surveys. Psychological Medicine 47(13): 2260–2274. doi: 10.1017/S0033291717000708.

Köhler M, Schäfer H, Goebel S, Pedersen A (2018) The role of disclosure attitudes in the relationship between posttraumatic stress disorder symptom severity and perceived social support among emergency service workers. Psychiatry Research 270: 602–610. doi: 10.1016/j.psychres.2018.10.049.

Kolassa IT, Ertl V, Eckart C, Kolassa S, Onyut LP, Elbert T (2010) Spontaneous remission from PTSD depends on the number of traumatic event types experienced. Psychological Trauma: Theory, Research, Practice, and Policy 2(3): 169–174. doi: 10.1037/a0019362.

König J, Resick PA, Karl R, Rosner R (2012) Posttraumatische Belastungsstörung: Ein Manual zur Cognitive Processing Therapy. Göttingen: Hogrefe.

Krüger-Gottschalk A, Knaevelsrud C, Rau H, Dyer A, Schäfer I, Schellong J, Ehring T (2017) The German version of the Posttraumatic Stress Disorder Checklist for DSM-5 (PCL-5): Psychometric properties and diagnostic utility. BMC Psychiatry 17(1): 379. doi: 10.1186/s12888-017-1541-6.

Kubany ES, Watson SB (2003) Guilt: Elaboration of a Multidimensional Model. The Psychological Record 53: 51–90.

Landolt MA (2012) Psychotraumatologie des Kindesalters. Grundlagen, Diagnostik und Interventionen. Göttingen: Hogrefe.

Landolt MA, Kenardy JA (2015) Evidence-Based Treatments for Children and Adolescents. In: Schnyder U, Cloitre M (Eds.) Evidence Based Treatments for Trauma-Related Psychological Disorders: A Practical Guide for Clinicians. Berlin, Heidelberg: Springer. Pp. 363–380.

Lange A, Rietdijk D, Hudcovicova M, van de Ven JP, Schrieken B, Emmelkamp PMG (2003) Interapy: A controlled randomized trial of the standardized treatment of posttraumatic stress through the internet. Journal of Consulting and Clinical Psychology 71(5): 901–909. doi: 10.1037/0022-006X.71.5.901.

Leenarts LEW, Diehle J, Doreleijers TAH, Jansma EP, Lindauer RJL (2013) Evidence-based treatments for children with trauma-related psychopathology as a result of childhood maltreatment: A systematic review. European Child & Adolescent Psychiatry 22(5): 269–283. doi: 10.1007/s00787-012-0367-5.

Machleidt W, Kluge U, Sieberer MG, Heinz A (Hrsg.) (2018) Praxis der interkulturellen Psychiatrie und Psychotherapie: Migration und psychische Gesundheit. 2. Aufl. München: Urban & Fischer.

Maercker A (2019) Besonderheiten bei der Behandlung der posttraumatischen Belastungsstörung. In Maercker A (Hrsg.) Traumafolgestörungen. Heidelberg: Springer. S. 251–273.

Maercker A, Augsburger M (2017) Psychotraumatologie: Differenzierung, Erweiterung und öffentlicher Diskurs]. Nervenarzt 88(9): 967–973. doi: 10.1007/s00115-017-0363-6.

Maercker A, Augsburger M (2019) Posttraumatische Belastungsstörung. In: Maercker A (Hrsg.) Traumafolgestörungen. Heidelberg: Springer. S. 13–45.

Maercker A, Augsburger M, Böttche, M, Gast, U, Hecker, T, Lotzin A, Matthreß, H, Sachsse, U, Schäfer I, Schellong, J, Wöller, W (2019) Komplexe Posttraumatische Belastungsstörung. In: Schäfer I, Gast U, Hofmann A, Knaevelsrud C, Lampe A, Liebermann P, Lotzin A, Maercker A, Rosner R, Wöller W (Hrsg.) S3-Leitlinie Posttraumatische Belastungsstörung. Berlin, Heidelberg: Springer. S. 41–47.

Maercker A, Beauducel A, Schützwohl M (2000) Trauma severity and initial reactions as precipitating factors for posttraumatic stress symptoms and chronic dissociation in former political prisoners. Journal of Traumatic Stress 13(4): 651–660. doi: 10.1023/A:1007862217298.

Maercker A, Bromberger F (2005) Checklisten und Fragebogen zur Erfassung traumatischer Ereignisse in deutscher Sprache. Trierer Psychologische Berichte 32(2): 1–40. doi: 10.1026/1616-3443.34.4.291.

Maercker A, Hecker T (2016) Broadening perspectives on trauma and recovery: A socio-interpersonal view of PTSD. European Journal of Psychotraumatology 7: 29303. doi: 10.3402/ejpt.v7.29303.

Maercker A, Hecker T, Augsburger M, Kliem S (2018) ICD-11 Prevalence Rates of Posttraumatic Stress Disorder and Complex Posttraumatic Stress Disorder in a German Nationwide Sample. Journal of Nervous and Mental Disease 206(4): 270–276. doi: 10.1097/NMD.0000000000000790.

Maercker A, Hecker T, Heim E (2015) Personalisierte Internet-Psychotherapie-Angebote für die posttraumatische Belastungsstörung. Der Nervenarzt 86(11): 1333–1342. doi: 10.1007/s00115-015-4332-7.

Maercker A, Heim E, Hecker T, Thoma MV (2017) Soziale Unterstützung nach Traumatisierung. Nervenarzt 88(1): 18–25. doi: 10.1007/s00115-016-0242-6.

Maercker A, Heim E, Kirmayer LJ (2019) Cultural Clinical Psychology and PTSD (1st edition). Boston, MA: Hogrefe Pub.

Maercker A, Horn AB (2013) A socio-interpersonal perspective on ptsd: The case for environments and interpersonal processes. Clinical Psychology and Psychotherapy 20(6): 465–481. doi: 10.1002/cpp.1805.

Maercker A, Müller J (2004) Social acknowledgment as a victim or survivor: A scale to measure a recovery factor of PTSD. Journal of Traumatic Stress 17(4): 345–351. doi: 10.1023/B:JOTS.0000038484.15488.3d.

Maercker A, Schützwohl M (1998) Erfassung von psychischen Belastungsfolgen: Die Impact of Event Skala-revidierte Version. Diagnostica 44(3): 130–141. doi: 10.1037/t55092-000.

Maercker A, Zöllner T (2002) Life Review Therapie als spezifische Form der Behandlung posttraumatischer Belastungsstörungen im Alter. Verhaltenstherapie Und Verhaltensmedizin 23(2): 213–225.

Malejko K, Abler B, Plener PL, Straub J (2017) Neural Correlates of Psychotherapeutic Treatment of Post-traumatic Stress Disorder: A Systematic Literature Review. Frontiers in Psychiatry 8. doi: 10.3389/fpsyt.2017.00085.

Mayou RA, Ehlers A, Bryant B (2002) Posttraumatic stress disorder after motor vehicle accidents: 3-year follow-up of a prospective longitudinal study. Behaviour Research and Therapy 40(6): 665–675. doi: 10.1016/S0005-7967(01)00069-9.

McLean CP, Asnaani A, Foa EB (2015) Prolonged Exposure Therapy. In: Schnyder U, Cloitre M (Eds.) Evidence Based Treatments for Trauma-Related Psychological Disorders. Cham: Springer. pp. 143–160.

Mevissen L, Didden R, de Jongh A (2016) Assessment and Treatment of PTSD in People with Intellectual Disabilities. In: Martin CR, Preedy VR, Patel VB (Eds.) Comprehensive Guide to Post-Traumatic Stress Disorders. pp. 281–299. doi: 10.1007/978-3-319-08359-9_95.

Morina N, Wicherts JM, Lobbrecht J, Priebe S (2014) Remission from post-traumatic stress disorder in adults: A systematic review and meta-analysis of long term outcome studies. Clinical Psychology Review 34(3): 249–255. doi: 10.1016/j.cpr.2014.03.002.

Mørkved N, Hartmann K, Aarsheim LM, Holen D, Milde AM, Bomyea J, Thorp SR (2014) A comparison of Narrative Exposure Therapy and Prolonged Exposure therapy for PTSD. Clinical Psychology Review 34(6): 453–467. doi: 10.1016/j.cpr.2014.06.005.

National Collaborating Centre for Mental Health (2005) Clinical Guideline 26. Post-Traumatic Stress Disorder: The Management of PTSD in Adults and Children in Primary and Secondary Care. London: National Institute for Clinical Excellence.

Nickerson A, Bryant RA, Silove D, Steel Z (2011) A critical review of psychological treatments of posttraumatic stress disorder in refugees. Clinical Psychology Review 31(3): 399–417. doi: 10.1016/j.cpr.2010.10.004.

Nieuwenhuis S, Elzinga BM, Ras PH, Berends F, Duijs P, Samara Z, Slagter HA (2013) Bilateral saccadic eye movements and tactile stimulation, but not auditory stimulation, enhance memory retrieval. Brain and Cognition 81(1): 52–56. doi: 10.1016/j.bandc.2012.10.003.

Nixon RDV, Nearmy DM (2011) Treatment of comorbid posttraumatic stress disorder and major depressive disorder: A pilot study. Journal of Traumatic Stress 24(4): 451–455. doi: 10.1002/jts.20654.

Norcross JC, Wampold BE (2011) Evidence-based therapy relationships: Research conclusions and clinical practices. Psychotherapy 48(1): 98–102. doi: 10.1037/a0022161.

Olatunji BO, Ciesielski BG, Tolin DF (2010) Fear and Loathing: A Meta-Analytic Review of the Specificity of Anger in PTSD Fear and Loathing: A Meta-Analytic Review of the Specificity of Anger in PTSD. Behavior Therapy 41(1): 93–105. doi: 10.1016/j.beth.2009.01.004.

Orth U, Cahill SP, Foa EB, Maercker A (2008) Anger and Posttraumatic Stress Disorder Symptoms in Crime Victims: A Longitudinal Analysis. Journal of Consulting and Clinical Psychology 76(2): 208–218. doi: 10.1037/0022-006X.76.2.208.

Ozer EJ, Best SR, Lipsey TL, Weiss DS (2003) Predictors of posttraumatic stress disorder and symptoms in adults: A meta-analysis. Psychological Trauma: Theory, Research, Practice, and Policy S(1): 3–36. doi: 10.1037/1942-9681.S. 1.3.

Perkonigg A, Kessler RC, Storz S, Wittchen HUU (2000) Traumatic events and post-traumatic stress disorder in the community: Prevalence, risk factors and comorbidity. Acta Psychiatrica Scandinavica 101(1): 46–59. doi: 10.1034/j.1600-0447.2000.101001046.x.

Powers MB, Halpern JM, Ferenschak MP, Gillihan SJ, Foa EB (2010) A meta-analytic review of prolonged exposure for posttraumatic stress disorder. Clinical Psychology Review 30(6): 635–641. doi: 10.1016/j.cpr.2010.04.007.

Rauch S, Foa E (2006) Emotional Processing Theory (EPT) and Exposure Therapy for PTSD. Journal of Contemporary Psychotherapy 36(2): 61–65. doi: 10.1007/s10879-006-9008-y.

Rießbeck H, Rießbeck K (2018) Trauma und Behinderung. In: Schellong J, Epple F, Weidner K (Hrsg.) Praxisbuch Psychotraumatologie. S. 224–229. Stuttgart, New York: Georg Thieme Verlag.

Rizzo A »Skip«, Koenig ST (2017) Is clinical virtual reality ready for primetime? Neuropsychology 31(8): 877–899. doi: 10.1037/neu0000405.

Robjant K, Fazel M (2010) The emerging evidence for Narrative Exposure Therapy: A review. Clinical Psychology Review 30(8): 1030–1039. doi: 10.1016/j.cpr.2010.07.004.

Rosner R, Hagl M (2008) Die revidierte impact of Event-skala (IES-R). Psychosomatik Und Konsiliarpsychiatrie 2(4): 240–243. doi: 10.1007/s11800-008-0132-2.

Rupp C, Doebler P, Ehring T, Vossbeck-Elsebusch AN (2017) Emotional Processing Theory Put to Test: A Meta-Analysis on the Association Between Process and Outcome Measures in Exposure Therapy: Emotional Processing Theory Put to Test: A Meta-Analysis. Clinical Psychology & Psychotherapy 24(3): 697–711. doi: 10.1002/cpp.2039.

Ruwaard J, Lange A, Schrieken B, Dolan CV, Emmelkamp P (2012) The Effectiveness of Online Cognitive Behavioral Treatment in Routine Clinical Practice. PLoS ONE 7(7): e40089. doi: 10.1371/journal.pone.0040089.

Sack M, Zehl S, Otti A, Lahmann C, Henningsen P, Kruse J, Stingl M (2016) A Comparison of Dual Attention, Eye Movements, and Exposure Only during Eye Movement Desensitization and Reprocessing for Posttraumatic Stress Disorder: Results from a Randomized Clinical Trial. Psychotherapy and Psychosomatics 85(6): 357–365. doi: 10.1159/000447671.

Schäfer I, Gast U, Hofmann A, Knaevelsrud C, Lampe A, Liebermann P, Lotzin A, Maercker A, Rosner R, Wöller W (Hrsg) S3-Leitlinie Posttraumatische Belastungsstörung. Berlin, Heidelberg: Springer.

Schauer M, Elbert T, Neuner F (2017) Narrative Expositionstherapie (NET) für Menschen nach Gewalt und Flucht: Ein Einblick in das Verfahren. Psychotherapeut 62(4): 306–313. doi: 10.1007/s00278-017-0212-x.

Schauer M, Neuner F, Elbert T (2011) Narrative exposure therapy: A short-term treatment for traumatic stress disorders. 2nd ed. Cambridge, MA: Hogrefe Publishing.

Schauer M, Neuner F, Karunakara U, Klaschik C, Robert C, Elbert T (2003) PTSD and the «building block« effect of psychological trauma among West Nile Africans. European Society for Traumatic Stress Studies Bulletin 10(2): 5–6.

Schauer M, Ruf-Leuschner M (2014) Lifeline in der Narrativen Expositionstherapie. Psychotherapeut 59(3): 226–238. doi: 10.1007/s00278-014-1041-9.

Schellong J, Epple F, Weidner K (Hrsg.) (2018) Praxisbuch Psychotraumatologie. doi: 10.1055/b-006-149613. Stuttgart, New York: Georg Thieme Verlag.

Schellong J, Schützwohl M, Lorenz P, Trautmann S (2019) Diagnostik und Differenzialdiagnostik. In: Maercker A (Hrsg.) Traumafolgestörungen. Berlin, Heidelberg: Springer. S 129–156.

Schmucker M, Köster R (2015) Narrative Um-Schreibung: Imagery Rescripting & Reprocessing Therapy (IRRT). In: Linden M, Hautzinger M (Hrsg.) Verhaltenstherapiemanual. S. 379–382. doi: 10.1007/978-3-642-55210-6_77.

Schnyder U, Ehlers A, Elbert T, Foa EB, Gersons BPR, Resick PA, Shapiro F, Cloitre M (2015) Psychotherapies for PTSD: What do they have in common? European Journal of Psychotraumatology 6: 28186. doi: 10.3402/ejpt.v6.28186.

Shapiro F (2001a) Eye movement desensitization and reprocessing (EMDR): Basic principles, protocols, and procedures. 2nd ed. New York: Guilford Press.

Shapiro F (2001b) Trauma and adaptive information-processing: EMDR's dynamic and behavioral interface. In: Solomon MF, Neborsky RJ, McCullough L, Alpert M, Shapiro F, Malan D (Eds.) Short-term therapy for long-term change. pp. 112–129. New York: Norton.

Shapiro F (2013) EMDR – Grundlagen & Praxis: Handbuch zur Behandlung traumatisierter Menschen. 3. Aufl. Paderborn: Junfermann.

Shevlin M, Hyland P, Roberts NP, Bisson JI, Brewin CR, Cloitre M (2018) A psychometric assessment of Disturbances in Self-Organization symptom indicators for ICD-11 Complex PTSD using the International Trauma Questionnaire. European Journal of Psychotraumatology 9(1): 1419749. doi: 10.1080/20008198.2017.1419749.

Shin LM, Rauch SL, Pitman RK (2006) Amygdala, medial prefrontal cortex, and hippocampal function in PTSD. Annals of the New York Academy of Sciences 1071: 67–79. doi: 10.1196/annals.1364.007.

Sommer J, Hinsberger M, Holtzhausen L, Kaminer D, Seedat S, Elbert T, Augsburger M, Maercker A, Weierstall R (2017a) Associations between societal disapproval and changes in symptoms of PTSD and appetitive aggression following treatment among high-risk South African males. European Journal of Psychotraumatology 8(1): 1369831. doi: 10.1080/20008198.2017.1369831.

Sommer J, Hinsberger M, Weierstall R, Holtzhausen L, Kaminer D, Seedat S, Maercker A, Madikane S, Elbert T (2017b) Social Acknowledgment of Violent Experiences and Its Role in PTSD and Appetitive Aggression Among High-Risk Males in South Africa. Clinical Psychological Science 5(1): 166–173. doi: 10.1177/2167702616658634.

Spitzer C, Barnow S, Volzke H, John U, Freyberger HJ, Grabe HJ (2008) Trauma and posttraumatic stress disorder in the elderly-Findings from a German community study. Journal of Clinical Psychiatry Clin Psychiatry 69(May): 693–700. doi: 10.4088/JCP.v69n0501.

Steil R, Ehlers A (2000) Dysfunctional meaning of posttraumatic intrusions in chronic PTSD. Behaviour Research and Therapy 38(6): 537–558. doi: 10.1016/S0005-7967(99)00069-8.

Tolin DF, Foa EB (2006) Sex differences in trauma and posttraumatic stress disorder: A quantitative review of 25 years of research. Psychological Bulletin 132(6): 959–992. doi: 10.1037/0033-2909.132.6.959.

Van Dam D, Ehring T, Vedel E, Emmelkamp PM (2013) Trauma-focused treatment for posttraumatic stress disorder combined with CBT for severe substance use disorder: A randomized controlled trial. BMC Psychiatry 13(1). doi: 10.1186/1471-244X-13-172.

Van der Kolk BA, Roth S, Pelcovitz D, Sunday S, Spinazzola J (2005) Disorders of extreme stress: The empirical foundation of a complex adaptation to trauma. Journal of Traumatic Stress 18 (5): 389–399. doi: 10.1002/jts.20047.

VanElzakker MB, Dahlgren KM, Davis CF, Dubois S, Shin LM (2014) From Pavlov to PTSD: The extinction of conditioned fear in rodents, humans, and anxiety disorders. Neurobiology of Learning and Memory 113: 3–18. doi: 10.1016/j.nlm.2013.11.014.

Wagner B, Schulz W, Knaevelsrud C (2012) Efficacy of an Internet-based intervention for posttraumatic stress disorder in Iraq: A pilot study. Psychiatry Research 195(1–2): 85–88. doi: 10.1016/j.psychres.2011.07.026.

Wagner D, Heinrichs M, Ehlert U (1998) Prevalence of Symptoms of Posttraumatic Stress Disorder in German Professional Firefighters. American Journal of Psychiatry 155(12): 1727–1732. doi: 10.1176/ajp.155.12.1727.

Watts BV, Schnurr PP, Mayo L, Young-Xu Y, Weeks WB, Friedman MJ (2013) Meta-analysis of the efficacy of treatments for posttraumatic stress disorder. Journal of Clinical Psychiatry 74 (6): 541–550. doi: 10.4088/JCP.12r08225.

Weathers FW, Bovin MJ, Lee DJ, Sloan DM, Schnurr PP, Kaloupek DG, Keane TM, Marx BP (2018) The Clinician-Administered PTSD Scale for DSM-5 (CAPS-5): Development and initial psychometric evaluation in military veterans. Psychological Assessment 30(3): 383–395. doi: 10.1037/pas0000486.

Weathers FW, Keane TM, Davidson JRT (2001) Clinician-administered PTSD scale: A review of the first ten years of research. Depression and Anxiety 13(3): 132–156. doi: 10.1002/da.1029.

Weathers FW, Litz BT, Keane TM, Palmieri PA, Marx BP, Schnurr PP (2013) The PTSD Checklist for DSM-5 (PCL-5) – LEC-5 and Extended Criterion A [Measurement instrument]. http://www.ptsd.va.gov/, Zugriff am 26.02.2020.

Wisco BE, Marx BP, Miller MW, Wolf EJ, Krystal JH, Southwick SM, Pietrzak RH (2017) A comparison of ICD-11 and DSM criteria for posttraumatic stress disorder in two national samples of U.S. military veterans. Journal of Affective Disorders 223: 17–19. doi: 10.1016/j.jad.2017.07.006.

WHO (World Health Organization) (2018) ICD-11 for Mortality and Morbidity Statistics. https://icd.who.int/browse11/l-m/en, Zugriff am 26.02.2020.

Zimmermann P, Firnkes S, Kowalski JT, Backus J, Siegel S, Willmund G, Maercker A (2014) Personal values in soldiers after military deployment: Associations with mental health and resilience. European Journal of Psychotraumatology 5(1): 22939. doi: 10.3402/ejpt.v5.22939.

Zlotnick C, Franklin CL, Zimmerman M (2002) Is Comorbidity of Posttraumatic Stress Disorder and Borderline Personality Disorder Related to Greater Pathology and Impairment? American Journal of Psychiatry 159(11): 1940–1943. doi: 10.1176/appi.ajp.159.11.1940.

Register

A

Affektregulation 21, 90
Akute Belastungsreaktion 51
Alter 95
Amygdala 36
Angehörige 58, 95–97
Angst 15, 27, 30, 33, 43, 52–53, 58–59, 62–64, 66, 69, 71, 80, 93, 101, 103
Angststörung 53
Anhaltende Trauerstörung 52
Anpassungsstörung 51
Ärger 31, 38, 52, 58–59, 69
Assimilation 80

B

Begleitemotionen 30
Bewältigung, dysfunktional 30, 34, 38, 59, 83, 91
Borderline Persönlichkeitsstörung 52

C

Clinician-Administered PTSD Scale for DSM-5 46

D

Demenz 96
Depression 53
Diagnostik 41, 62, 68, 83, 95, 97–98, 108–109, 112
Diskriminationstraining 70
Dissoziation 18, 28, 34, 53, 99
Dissoziativer Subtyp 18
DSM-5 13–14, 16–18, 20, 22, 31, 45, 47, 96, 109
– A-Kriterium 14
Dysfunktionale Beziehung 20–21

E

Emotionsregulation 20, 57, 59, 91

Entstehung 19, 32
Evidenzbasiert 57, 61
Exposition 57, 59–60, 62, 68, 72–73, 76, 81, 87, 90, 92–93, 100–101
Eye Movement Desensitization and Reprocessing 57, 61, 83, 90

F

Flucht 95, 97–98
Fragmentierung 34
Furchtnetzwerk 34, 73, 83

G

Gedächtnis 33, 38, 58–59, 73–74
Gedächtnismodel 33
Geflüchtete 25, 97
Goldstandard, diagnostisch 44, 46

H

Habituation 34, 59, 62–63, 66, 69, 81, 87, 101
Hilflosigkeit 15, 28, 103
Hippocampus 35
HPA-Achse 36

I

ICD-11 13–17, 20, 22, 24, 26, 48, 50, 52, 93
Imaginative Rescripting und Reprocessing Therapie 87
Impact of Event Scale – revidierte Version 50
International Trauma Questionnaire 48

J

Jugendliche 95–96

K

Kinder 95–96

klinisch-diagnostisches Interview 44
kognitiv eingeschränkt 97
Kognitive Therapie 59, 61, 68, 72, 101
Kognitive Umstrukturierung 58–59, 66, 69, 72
Kognitive Verarbeitungstherapie 57, 61, 80
Kognitives Modell 37
Komorbidität 30, 44, 99
Komplexe Posttraumatische Belastungsstörung 13–14, 17, 19–20, 48, 52, 59
Konditionierung 32
Kriegshandlung 27

L

Leitlinie 13, 57, 86–87, 90, 93, 99
Life-Event Checklist 45
Lifeline 74, 78, 112

M

Moral injury 98

N

Narrative Expositionstherapie 61, 73, 98
Negatives Selbstkonzept 20–21, 90
Notfallpsychologie 51

P

Posttraumatic Stress Disorder Checklist 47
Präfrontalcortex 36
Präokkupation 51–52
Prävalenz 24
- Männer und Frauen 26
- Traumaanzahl 27
Primärdiagnose 30
Primärstörung 67, 99
Prolongierte Exposition 61–62, 101
Psychoedukation 44, 57–58, 62, 72, 74, 81, 99, 101
Psychohygiene 102
Psychotische Störung 53

R

Risikofaktoren
- Alter 26
- Bildung 26
- familiäre Belastung 26
- Geschlecht 26
- peritraumatische Reaktion 28

- posttraumatische Faktoren 28
- psychische Probleme 26
- sozioökonomischer Status 26
- Traumaanzahl 27
- Traumatyp 27
Risikopopulation 25

S

Scham 28, 30, 38, 43, 58–59, 69, 80, 93, 95, 102
Schmerz 23, 96
Schuld 28, 30, 38, 43, 58–59, 63, 80, 93
- Realschuld 102
Skills Training in Affective and Interpersonal Regulation Narrative Therapy 90
Stabilisierung 57, 84, 90, 93
Stressreaktion 34, 37
Strukturiertes Klinisches Interview für DSM-5 45

T

Trauer 52, 58–59, 74
traumafokussiert 57
Traumagedächtnis 33, 37, 57, 68, 87
Traumata
- akzidentiell 14
- man-made 14
- Typ-I 14
- Typ-II 14, 19
Traumatisches Ereignis 13, 20, 24, 27, 46, 53

U

Über-Akkommodation 80–81
Übererregung 16

V

Veränderungen in Gedanken und Gefühlen 17
Verlauf 28, 35
Vermeidung 16, 34, 38, 52–53, 66, 100–101
Vertrauensverlust 43
Verzögerter Beginn 18

W

Wiedererleben 15, 34, 38